# Typology of Crime

# 犯罪タイポロジー

―― 犯罪の類型学 ――

[第 2 版]

川 崎 友 巳

Tomomi Kawasaki

Seibundo

## 第2版はしがき

　本書の初版を公刊して4年が経ちました。本書では，犯罪の実態について論じるため，認知件数をはじめ，多くの数値を利用しました。このため，本書は，時間の経過とともに，風化してしまうという運命を抱えています。その時期は，私が当初予想していたよりも早く到来しました。また，わずか4年の間に，本書で扱っているさまざまな法令に重要な改正が施されたため，該当箇所について内容を改める必要も生じました。そこで，今回データを更新するとともに，法令や判例の最新の動向を盛り込んだ第2版を公刊することにしました。

　ただ，「もし，版を改める機会があれば，新たに，第15講として，薬物犯罪についても追加したい」と考えていたのですが，タイム・スケジュールの制約で，今回は断念せざるを得ませんでした。次回までの（「次回があれば」の話ですが）宿題にさせていただきたいと思います。

　過去4年の間にも，DV・ストーキングやサイバー犯罪など他の刑事法の入門書では扱っていないような犯罪への社会の関心がますます高まっているように思います。本書は，そうした関心に少しでも応えたいと考え，著しました。初版の「はしがき」でも書きましたが，本書との出会いが，読者の皆さんにとって，犯罪について，今までよりも身近に感じ，重要な社会問題と受け止めてもらう機会になれば幸いです。

　本書の改訂・校正作業にあたっては，同志社大学大学院法学研究科博士課程前期課程2年の山田慧さんと佐藤由梨さん，1年生の梶悠輝さんにご協力いただきました。記して謝意を表させていただきます。また，初版に引き続き，今回も公刊までいろいろとお世話になった成文堂編集部の篠崎雄彦氏にも，お礼を申し上げます。

　2014年8月

　　　　　　　　　　　　　　　　　　　　　　　　川　崎　友　巳

## はしがき

　新聞やテレビのニュースで扱われている犯罪報道，あるいは裁判員制度の導入など司法制度の改革，さらには相変わらず人気の高いミステリー小説などの影響もあるのでしょうか，最近の日本では，これまで以上に，「犯罪と刑罰」を扱う刑事法への関心が高まっているように思います。本書は，そうした関心に応えるため，刑事法の基礎を学ぶ1つの方法として，具体的な犯罪類型ごとに，犯罪の実態や特徴，原因，犯罪論（刑法解釈論）上の問題，さらには固有の刑事政策上の課題について論じた，少し変わった入門書です。

　現在の日本では，一般に「刑法」と呼ばれている，明治40年に制定された法律である「刑法典」だけでなく，1,000以上の法令に多種多様な犯罪が定められています。これだけの数に上る法令に定められた犯罪のすべてについて，1つひとつ実態を把握し，原因を探り，有効な対策を検討するのは至難の業です。そこで，そうした犯罪を一定の基準や特徴にそって類型化することで，そうした作業の効率化を図るのが「犯罪タイポロジー（"crime typology" or "typology of crime"）」です。「犯罪タイポロジー」は，日本では，なじみの少ない言葉ですが，英米の犯罪学や刑事司法システムのテキストでは，頻繁に用いられています。

　第1章でも取り上げているように，犯罪を類型化する際の基準としては，その問題意識や目的によって，さまざまなものが考えられます。本書は，刑法典上の犯罪を概観するだけでなく，幅広い犯罪について学んでもらうために，社会的な関心が高まっているものの，その内容について学ぶ機会の少ない，独禁法違反やインサイダー取引といった経済犯罪，「ストーキング」や「ドメスティック・バイオレンス」といった私的空間で起こる犯罪，インターネットの普及にともない重要性を増している「サイバー・ポルノ」や「ハッキング」といったサイバー犯罪も扱うことにし，これらの幅広い犯罪を法益や犯罪の特性に着目して類型化しました。

　関心が高まったとはいえ，多くの読者にとって，犯罪は，まだまだ別世界の出来事なのではないでしょうか。しかし，犯罪の中には，いつの間にか犯

してしまいかねないものもありますし，そうならないように，気をつけていても，被害者として犯罪に関わる危険は完全には否定できないでしょう。本書を通じて，読者のみなさんが，自分とは無縁と思いがちな犯罪について，今までよりも身近に感じ，自分が住む今日の日本の重要な社会問題として受け止めてもらえれば幸いです。

　　2010年9月

　　　　　　　　　　　　　　　　　　　　　川　崎　友　巳

# 目　次

第2版はしがき

## 第1講　犯罪のタイポロジー……………………………………1
### Ⅰ　犯罪タイポロジーの意義 ……………………………………1
### Ⅱ　刑法犯と特別刑法犯 …………………………………………1
1　刑法犯　*(2)*
2　特別刑法犯　*(2)*
3　法定犯の自然犯化　*(2)*
### Ⅲ　法益による3類型化 …………………………………………3
1　個人法益の罪　*(3)*
2　社会法益の罪　*(4)*
3　国家法益の罪　*(6)*
### Ⅳ　その他の犯罪の類型化 ………………………………………8
1　動機や態様に基づく類型化　*(8)*
2　『犯罪白書』と『警察白書』　*(9)*
### Ⅴ　本書の視点 ……………………………………………………11

## 第2講　わが国の犯罪情勢 …………………………………13
### Ⅰ　犯罪の「凶悪化」？ …………………………………………13
1　「治安大国」日本　*(13)*
2　揺らぐ「安全神話」　*(13)*
### Ⅱ　戦後の犯罪情勢の推移 ………………………………………14
1　第1期　*(14)*
2　第2期　*(14)*
3　第3期　*(16)*

Ⅲ　今日の犯罪情勢 ……………………………………………… 17
　　　　1　犯罪情勢を論じる意義　(17)
　　　　2　凶悪犯罪の深刻化？　(17)
　　　　3　諸外国との比較　(20)
　　　　4　「体感治安」の悪化　(23)

## 第3講　人身犯罪（その1）
　　　　　　―生命に対する犯罪― ………………………………… 25
　　　Ⅰ　刑法における生命の保護 ……………………………………… 25
　　　Ⅱ　生命の始まりと終わり ………………………………………… 25
　　　　1　胎児の始まり　(25)
　　　　2　人の始まり　(27)
　　　　3　人の終わり　(27)
　　　Ⅲ　殺人罪 ……………………………………………………………… 29
　　　　1　殺人罪の認知件数の推移　(29)
　　　　2　殺人罪の質的変容　(30)
　　　　3　刑法199条　(31)
　　　Ⅳ　自殺関与罪と同意殺人罪 ……………………………………… 32
　　　　1　自殺関与罪　(32)
　　　　2　同意殺人罪　(33)
　　　Ⅴ　堕胎罪 ……………………………………………………………… 35
　　　　1　堕胎の意義と堕胎罪の保護法益　(35)
　　　　2　堕胎罪の種類　(36)
　　　　3　適法な人工妊娠中絶　(36)

## 第4講　人身犯罪（その2）
　　　　　　―身体に対する犯罪― ………………………………… 39
　　　Ⅰ　刑法における身体の保護 ……………………………………… 39
　　　Ⅱ　傷害罪 ……………………………………………………………… 39

　　　　1　傷害罪の意義　　(39)
　　　　2　傷害罪の実態　　(41)
　　　　3　ケンカと傷害罪　　(42)
　　Ⅲ　暴　行　罪 ……………………………………………… 44
　　　　1　暴行の意義　　(44)
　　　　2　暴行罪の実態　　(45)
　　Ⅳ　胎児性傷害 ……………………………………………… 47
　　　　1　胎児性傷害の意義と問題点　　(47)
　　　　2　胎児性傷害の検討　　(47)

# 第5講　交通犯罪 ……………………………………………… 51
　　Ⅰ　交通犯罪の意義 ………………………………………… 51
　　Ⅱ　交通犯罪の実態 ………………………………………… 52
　　　　1　交通事故の動向　　(52)
　　　　2　交通犯罪の状況　　(54)
　　Ⅲ　交通犯罪対策の推移 …………………………………… 58
　　　　1　寛刑化・非犯罪化　　(58)
　　　　2　厳罰化　　(60)
　　Ⅳ　危険運転致死傷罪 ……………………………………… 63
　　　　1　危険運転致死傷罪の概要　　(63)
　　　　2　5種類（＋1種類）の実行行為　　(65)
　　Ⅴ　自動車運転過失致死傷罪 ……………………………… 68
　　　　1　過失運転致死傷罪の構成要件　　(68)
　　　　2　信頼の原則　　(68)
　　　　3　情状による刑の免除　　(69)
　　Ⅵ　ひき逃げ ………………………………………………… 69
　　Ⅶ　交通犯罪対策の課題 …………………………………… 70

## 第6講　性犯罪 …………………………………………………… 71
### Ⅰ　性犯罪の意義 ……………………………………………… 71
　1　性犯罪の保護法益　*(71)*
　2　強姦・強制わいせつの客体　*(72)*
　3　親告罪　*(72)*
### Ⅱ　性犯罪の実態 ……………………………………………… 72
　1　性犯罪の認知件数の推移　*(72)*
　2　性犯罪の特徴　*(74)*
### Ⅲ　強制わいせつ罪 …………………………………………… 75
　1　強制わいせつ罪の構成要件　*(75)*
　2　「痴漢」　*(76)*
　3　法定刑　*(76)*
### Ⅳ　強姦罪 ……………………………………………………… 76
　1　強姦罪の構成要件　*(76)*
　2　強姦神話　*(77)*
　3　準強姦罪　*(78)*
　4　第2次・第3次被害者化　*(78)*
### Ⅴ　性犯罪者の処遇 …………………………………………… 80
　1　メーガン法　*(80)*
　2　性犯罪者の処遇　*(80)*
### Ⅵ　性犯罪対策の課題 ………………………………………… 81
　1　フェミニストの問題提起　*(81)*
　2　女性の性的自己決定権の保護　*(82)*

## 第7講　財産犯罪（その1）
　　　　　―財産犯罪の概要と窃盗― ……………………… 85
### Ⅰ　刑法における財産の保護 ………………………………… 85
### Ⅱ　財産犯罪の種類 …………………………………………… 86
　1　財産犯罪の性質による分類　*(86)*

  2　領得罪の法定刑　*(88)*
 III　窃　盗　罪 ……………………………………………………*88*
  1　窃盗罪の実態　*(89)*
  2　窃盗罪の保護法益　*(91)*
  3　窃盗罪の標的（客体）　*(92)*
  4　窃盗罪の未遂と既遂　*(93)*
  5　不法領得の意思　*(94)*
  6　不動産侵奪罪　*(95)*
  7　親族相盗例　*(96)*

## 第8講　財産犯罪（その2）
### ──強盗・詐欺・恐喝── ……………………………*97*
 I　強　盗　罪 ……………………………………………………*97*
  1　強盗罪の実態　*(97)*
  2　暴行・脅迫と強取　*(100)*
  3　強盗利得罪　*(101)*
  4　準強盗罪　*(102)*
 II　詐　欺　罪 ……………………………………………………*103*
  1　詐欺罪の実態　*(103)*
  2　詐欺罪の基本構造　*(104)*
  3　詐欺利得罪　*(105)*
 III　恐　喝　罪 ……………………………………………………*107*
  1　恐喝罪の実態　*(107)*
  2　恐喝罪の基本構造　*(107)*
  3　恐喝利得罪　*(109)*

## 第9講　ビジネス犯罪 ……………………………………………*111*
 I　ビジネス犯罪の意義 ……………………………………………*111*
 II　横　領　罪 ……………………………………………………*111*

    1　横領罪の特徴　　*(111)*
    2　横領罪の実態　　*(112)*
    3　横領罪の構成要件　　*(113)*
    4　単純横領罪（委託物横領罪）　　*(114)*
    5　業務上横領罪　　*(115)*
    6　遺失物等横領罪　　*(115)*
  III　背 任 罪 ……………………………………………………*116*
    1　背任罪の特殊性　　*(116)*
    2　背任罪の実態　　*(116)*
    3　背任罪の特徴　　*(117)*
  IV　経済犯罪 ……………………………………………………*118*
    1　経済犯罪の特徴　　*(118)*
    2　独占禁止法違反の罪　　*(119)*
    3　金融商品取引法違反の罪　　*(121)*
    4　会社法違反の罪　　*(124)*
  V　ビジネス犯罪対策の課題 ………………………………*127*

# 第10講　公共危険犯罪 ……………………………………*129*
  I　刑法による社会の安全の維持 …………………………*129*
    1　処罰の「前倒し」　　*(129)*
    2　公共危険犯罪　　*(129)*
  II　騒 乱 罪 ……………………………………………………*130*
    1　騒乱罪の意義と保護法益　　*(130)*
    2　騒乱罪　　*(131)*
    3　多衆不解散罪　　*(132)*
  III　放 火 罪 ……………………………………………………*132*
    1　放火罪の意義と保護法益　　*(132)*
    2　放火罪の実態　　*(133)*
    3　現住建造物等放火罪　　*(134)*

　　　　4　非現住建造物等放火罪　*(136)*
　Ⅳ　出 水 罪 ……………………………………………………*136*
　Ⅴ　往来妨害罪 ……………………………………………………*137*
　　　1　往来妨害罪　*(137)*
　　　2　往来危険罪　*(137)*

# 第11講　偽造犯罪 ……………………………………………*139*
　Ⅰ　偽造犯罪の意義と機能 ………………………………………*139*
　　　1　偽造犯罪の意義　*(139)*
　　　2　偽造犯罪の構造　*(139)*
　Ⅱ　通貨偽造罪 ……………………………………………………*141*
　　　1　通貨偽造罪の機能　*(141)*
　　　2　通貨偽造罪の実態　*(142)*
　　　3　偽造・変造と行使　*(144)*
　Ⅲ　文書偽造罪 ……………………………………………………*145*
　　　1　文書偽造罪の構造　*(145)*
　　　2　文書の意義　*(146)*
　　　3　偽造の意義　*(147)*
　　　4　文書偽造罪の実態　*(148)*
　　　5　公文書偽造罪と私文書偽造罪　*(149)*
　　　6　電磁的記録の不正作出　*(150)*
　Ⅳ　支払用カード電磁的記録不正作出罪 ……………………*150*
　　　1　支払用カード電磁的記録不正作出罪　*(150)*
　　　2　支払用カード電磁的記録の不正作出・供用・
　　　　　譲り渡し等　*(152)*
　Ⅴ　有価証券偽造罪と印章偽造罪 ………………………………*153*
　　　1　有価証券偽造罪　*(153)*
　　　2　印章偽造罪　*(154)*

## 第12講　汚職犯罪 ……………………………………………………………… 157

- Ⅰ　汚職犯罪の今日的意義 ……………………………………………… 157
- Ⅱ　賄　賂　罪 ……………………………………………………………… 158
  - 1　賄賂罪の意義　*(158)*
  - 2　賄賂罪の実態　*(161)*
  - 3　賄賂罪の基本構造　*(163)*
  - 4　あっせん利得処罰法　*(164)*
- Ⅲ　政治資金規正法違反 ………………………………………………… 165
  - 1　政治資金規正法の意義　*(165)*
  - 2　罰則の概要　*(166)*
  - 3　政治資金規正法の課題　*(167)*
- Ⅳ　職権濫用罪 …………………………………………………………… 168
  - 1　職権濫用罪の意義　*(168)*
  - 2　4つの職権濫用罪　*(168)*

## 第13講　新しいタイプの犯罪（その1）
　　　　　─私的空間で起こる犯罪─ ………………………………… 169

- Ⅰ　私的空間で起こる「犯罪」 ………………………………………… 169
- Ⅱ　ストーキング ………………………………………………………… 170
  - 1　ストーキングの意義　*(170)*
  - 2　ストーカー規制法成立の経緯　*(170)*
  - 3　ストーカー規制法の概要　*(171)*
  - 4　ストーキング規制の課題　*(174)*
- Ⅲ　ドメスティック・バイオレンス …………………………………… 176
  - 1　DVの意義　*(176)*
  - 2　DVの特殊性と被害の実態　*(176)*
  - 3　DV防止法制定の経緯　*(177)*
  - 4　DV防止法の概要　*(178)*
  - 5　DV防止の課題　*(181)*

IV　児童虐待 …………………………………………………………*182*
　　　1　児童虐待の意義　*(182)*
　　　2　児童虐待対策強化の背景　*(182)*
　　　3　児童買春・児童ポルノ禁止法　*(183)*
　　　4　児童虐待防止法　*(185)*
　　　5　児童虐待の刑事規制の課題　*(187)*
　　V　私的空間で起こる「犯罪」対策の課題 ………………*189*
　　　1　刑事法のネット・ワイドニング　*(189)*
　　　2　私的手法での解決　*(189)*

## 第14講　新しいタイプの犯罪（その2）
　　　　―サイバー犯罪― …………………………………*191*
　Ⅰ　サイバー犯罪の意義 …………………………………………*191*
　Ⅱ　サイバー・ポルノ ……………………………………………*192*
　　　1　サイバー・ポルノの実態　*(192)*
　　　2　サイバー・ポルノへの対策　*(193)*
　　　3　サイバー・ポルノ対策の課題　*(196)*
　Ⅲ　デジタル・バンダリズム ……………………………………*196*
　　　1　デジタル・バンダリズムの実態　*(196)*
　　　2　日本のデジタル・バンダリズム対策　*(200)*
　　　3　デジタル・バンダリズム対策の課題　*(202)*
　Ⅳ　サイバー犯罪規制の課題 ……………………………………*203*
　　　1　その他のサイバー犯罪　*(203)*
　　　2　サイバー犯罪規制の課題　*(204)*

参考文献 ………………………………………………………………*207*

# 第1講
# 犯罪のタイポロジー

## I　犯罪タイポロジーの意義

　刑事法が問題にする対象は，いうまでもなく「犯罪」です。現行刑法典には，殺人，傷害，逮捕，監禁，住居侵入，名誉毀損，窃盗，強盗，詐欺，横領，放火，文書偽造，通貨偽造，偽証，公務執行妨害，賄賂など，さまざまな犯罪が定められています。

　また，犯罪は，刑法典以外の法令にも定められています。会社法，私的独占の禁止及び公正取引の確保に関する法律（独占禁止法），労働基準法，破産法など，今日の日本で犯罪を定めた法令の数は1,000を超えています。もちろん，それらの法令で定められている犯罪にもいろいろな性質をもった，軽重さまざまなものが含まれています。そうした多種多様な犯罪の実態を正確に把握し，それぞれの原因を探るとともに，有効な対策を講じるためには，「一定の基準または特徴に基づいて犯罪を類型化すること」（大谷〔1996〕365頁）が有益です。

　このような問題意識から，多数の犯罪を一定の類型に整理するとともに，類型化された犯罪ごとに検討を加えるのが，犯罪タイポロジー（"crime typology" or "typology of crime"）です。

## II　刑法犯と特別刑法犯

　犯罪の類型化には，いろいろな方法があります。このうち，根拠となる法令による類型化が，刑法犯と特別刑法犯の二分化です。

## 第1講　犯罪のタイポロジー

### 1　刑法犯

　刑法犯とは，基本的に，刑法典に定められた犯罪を指します。現行刑法典は，第2編の「罪」(73条—264条)において，いかなる時代においても，いかなる社会においても，常に反倫理的で，反社会的と評価される犯罪をリストアップしています。それらの犯罪は，その普遍的な性質ゆえに，刑法で禁じられているのです。

　また，暴力行為等処罰法，航空機強取等処罰法，公害罪法など刑法典以外の法令に定められた犯罪の中にも，反倫理的で，反社会的であるという点では，刑法典上の犯罪と変わらないものがあります。これらの犯罪をまとめて，「刑法犯」と呼んでいます。

　また，刑法犯は，反倫理的であり，法律の規定を待つまでもなく，当然に反社会的と評価されるものであることから，「自然犯」とも呼ばれます。

### 2　特別刑法犯

　これに対して，特別刑法犯とは，道路交通法違反のように，本来的には，倫理的に許されない行為ではないが，行政目的などを達成するため，法律に義務や禁止事項を定め，これに違反する行為に刑罰を科しているものを言います。

　たとえば，「自動車は左側通行，歩行者は右側通行」と定められているのは，そうでなければ倫理的に許されないからではなく，そのように定めることで，交通秩序の維持を図るためです。現に，イギリスでは，日本と同じく自動車は左側通行ですが，アメリカ合衆国やドイツでは，右側通行です。交通秩序を守るためには，どちらかに決めておくことが大事なのであって，どちらかは，それほど重要ではありません。

　このように特別刑法犯は，本来的に犯罪なのではなく，法定化されたことを根拠に，犯罪となるのです。そのため，特別刑法犯は，「法定犯」とも呼ばれています。

### 3　法定犯の自然犯化

　ただし，刑法犯か，特別刑法犯かの区別は，必ずしも明確でない場合があ

ります。というのも、社会の倫理基準は時代によって変化しますし、とりわけ、長い間、法律で犯罪と定められていた行為は、次第に倫理的にも非難に値するものへと変容を遂げることがあるのです。たとえば、脱税、環境汚染、飲酒運転などは、すでに自然犯化しているといえるでしょう。

　他方、自然犯の中でも、堕胎罪や賭博罪については、刑罰を科してその行為を非難すべき反倫理性が、なお認められるのか検討し直す必要があるでしょう。もし、自然犯として刑法に定めておく必要がなければ、犯罪のカタログから削除しなければならないからです。このように、かつては犯罪として定められていた行為を犯罪でなくすことを非犯罪化（decriminalization）と言います。


# III　法益による3類型化

　次に、刑法が、刑罰を用いて保護しようとしている利益（保護法益）の性質によって、犯罪を①個人法益の罪、②社会法益の罪、③国家法益の罪の3つに類型化することもできます（大谷〔2013〕2頁）。

## 1　個人法益の罪
### (1)　個人法益の罪の意義

　個人法益の罪とは、生命や財産など、個人に帰属する法益を侵害する犯罪を言います。現行刑法典を見てみると、これら個人法益の罪は、各犯罪をリストアップしている「第2編・罪」の中でも、一番後に規定されています。これは、現行刑法典が制定された明治時代の価値基準に基づいているからです。しかし、時代は変わり、日本国憲法は、13条において、「すべて国民は、個人として尊重される。生命、自由及び幸福追求に対する国民の権利については、公共の福祉に反しない限り、立法その他の国政の上で、最大の尊重を必要とする」と規定しています。したがって、規定の順番にかかわらず、法益として最も優先的に保護されるべきは、個人法益であり、これを侵害する犯罪は、きわめて重大な犯罪と理解することができるでしょう。

### (2) 個人法益の罪の種類

現行刑法が保護している個人法益は、その性質によって、①生命、②身体、③自由、④私生活の平穏、⑤秘密、⑥名誉、⑦信用、⑧財産に分類することができます。

このうち、刑法は、①生命を保護するため、殺人罪、過失致死罪などの犯罪を、②身体を保護するために、傷害罪、暴行罪、過失致傷罪などの犯罪を設けているほか、傷害致死罪、強盗致死傷罪などの結果的加重犯も定めています（さらに、胎児の生命・身体を保護するために、堕胎罪が用意されています）。

また、③自由については、行動の自由を保護するために、逮捕罪、監禁罪、業務妨害罪、略取罪、誘拐罪などの犯罪を定め、意思の自由を保護するため、略取罪、誘拐罪のほか、強要罪、脅迫罪などの犯罪を定めています。性的自由を保護するため、強制わいせつ罪、強姦罪などの犯罪も定められています。

さらに、④私生活の平穏を保護するために住居侵入罪が、⑤秘密を保護するために信書開封罪や秘密漏示罪が、⑥名誉を保護するために侮辱罪や名誉毀損罪が、⑦信用を保護するために信用毀損罪が、それぞれ犯罪として定められています。

最後に、⑧財産を保護するために、窃盗罪、強盗罪、詐欺罪、恐喝罪、横領罪、背任罪、器物損壊罪、盗品等関与罪などの犯罪が定められています（図1参照）。

## 2 社会法益の罪
### (1) 社会法益の罪の意義

社会法益の罪とは、個人の集合によって形成される「社会」を存立・維持していくために保護を必要とする社会的な利益を侵害する犯罪を意味します。

個々人の生活上の利益を守るためには、個人の法益が侵害される前に、公共の利益が危険にさらされた段階で、これを保護する必要が認められる場合があります。このように、個人には還元できない社会全体の公共の利益を保護するために設けられているのが、社会法益の罪なのです。

III　法益による3類型化　5

図1　法益別に類型化した個人法益の罪

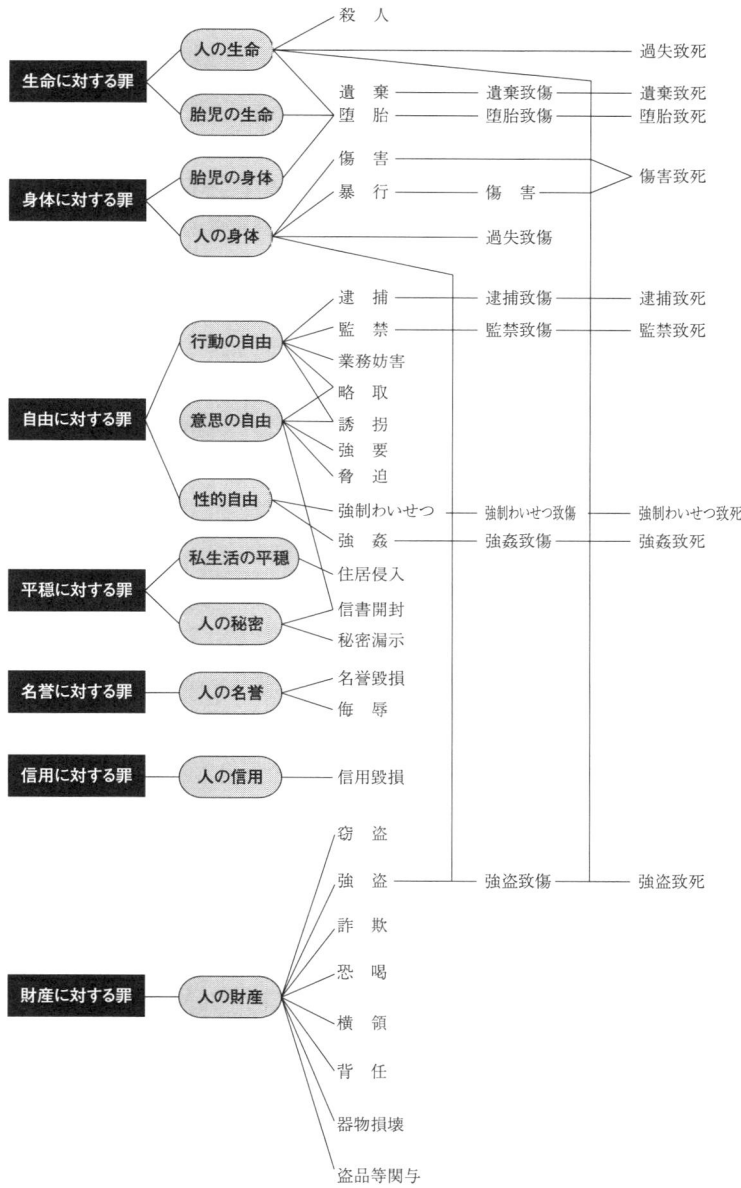

## (2) 社会法益の罪の種類

現行刑法が保護する社会法益は，その性質によって，①公衆の平穏・安全，②公衆の健康，③公衆の信用，④公衆の風俗に分類することができます。刑法は，これらの法益を侵害する行為を犯罪として定めています。

具体的には，①公衆の平穏・安全に対する罪としては，公衆の平穏を保護するために，騒乱罪が，公衆の生命・身体・財産を保護するために，放火罪などが，公衆の安全を保護するために，往来妨害罪が定められています。

また，②公衆の健康に対する罪としては，飲料水の用途を保護するために，浄水汚染罪や浄水毒物混入罪などが，国民の生活を保護するためにあへん煙吸食罪などが定められています。

さらに，③公衆の信用に対する罪としては，通貨の信用を保護するために，通貨偽造罪などが，文書の信用を保護するために，公文書偽造罪などが，有価証券の信用を保護するために，有価証券偽造罪などが，印章の信用を保護するために，公印偽造などが，支払用カードの信用を保護するために，支払用カード電磁的記録不正作出罪などが定められています。

加えて，④公衆の風俗に対する罪としては，公衆の性風俗を保護するために，公然わいせつ罪，わいせつ物頒布等罪，重婚罪が，経済的風習を保護するため，賭博罪，富くじ罪が，宗教的風習を保護するため，礼拝所不敬罪，墳墓発掘罪，死体損壊罪が定められています（図2参照）。

## 3 国家法益の罪
### (1) 国家法益の罪の意義

国家法益の罪とは，個人の生活上の利益を保護するために，保護されるべき公共的利益のうち，国の機構や作用を侵害する犯罪を指します。「国家の利益を保護する」と言っても，それだけで，日本国憲法の定める個人の尊重に反することにはなりません。個人の生活上の利益を保護するためには，憲法の下で日本という国が存在し，憲法の定める統治機構が機能することが必要です。そうした観点から，現行刑法典は，個人法益や社会法益と並んで，国家法益を保護し，その侵害を犯罪として定めているのです。

図2 法益別に類型化した社会法益の罪

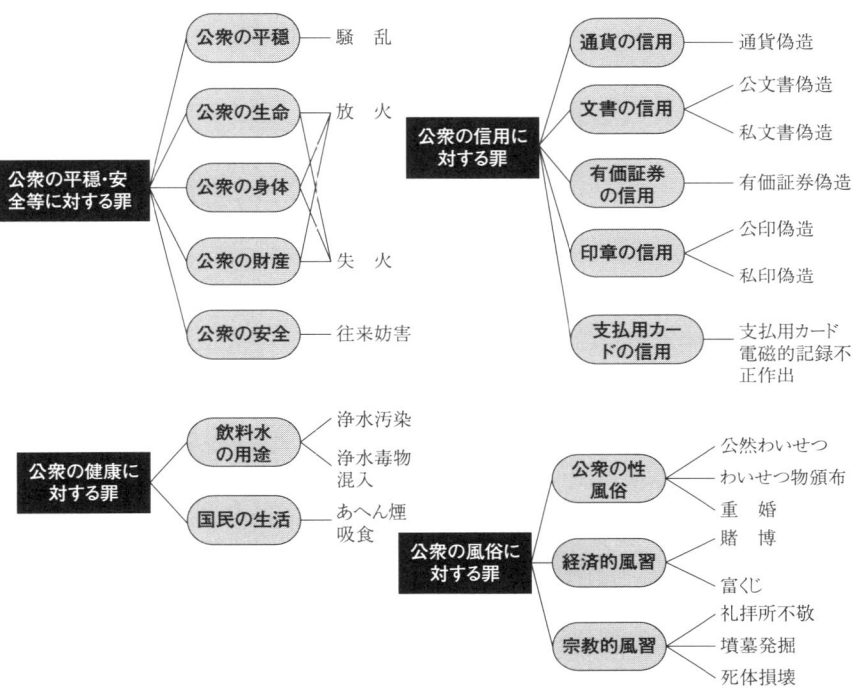

## (2) 国家法益の罪の種類

国家法益も，その性質によって，①国家の存立と②国家の作用に分類することができます。

①国家の存立に対する罪としては，統治機構を保護するために，内乱罪や外患誘致罪を，外国の法益を保護するために，外国国章損壊罪や中立命令違反罪を定めています。

他方，②国家の作用に対する罪としては，公務の作用を保護するために，公務執行妨害罪，職務強要罪，強制執行妨害罪，競売妨害罪，談合罪などを，刑事司法作用を保護するために，逃走罪，犯人蔵匿罪，証拠隠滅罪，偽証罪，虚偽告訴罪などを，公務と公務員の公正性を保護するために，職権濫用罪，賄賂罪を定めています（図3参照）。

図3 法益別に類型化した国家法益の罪

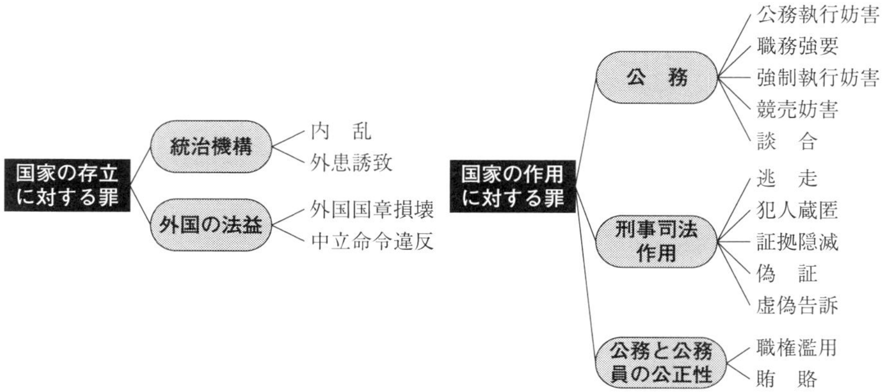

国家の存立に対する罪
- 統治機構
  - 内乱
  - 外患誘致
- 外国の法益
  - 外国国章損壊
  - 中立命令違反

国家の作用に対する罪
- 公務
  - 公務執行妨害
  - 職務強要
  - 強制執行妨害
  - 競売妨害
  - 談合
- 刑事司法作用
  - 逃走
  - 犯人蔵匿
  - 証拠隠滅
  - 偽証
  - 虚偽告訴
- 公務と公務員の公正性
  - 職権濫用
  - 賄賂

# IV　その他の犯罪の類型化

## 1　動機や態様に基づく類型化

　こうした刑法上の形式的分類のほかに，犯罪の実質的な特性を基準にした類型化も，しばしば行われています。

### (1)　動機に基づく類型化

　たとえば，犯罪の動機に着目した類型化として，①利欲犯，②困窮犯，③激情犯，④政治犯，⑤愉快犯などに整理されることがあります。このうち，①利欲犯は，経済的な利益を得るために行われる犯罪を指し，窃盗罪や強盗罪などの財産犯のほか，営利目的誘拐罪や通貨偽造罪なども，こうした動機で実行されます。

　②困窮犯は，経済的な困窮に由来して実行される犯罪で，窃盗罪のほか，堕胎罪，殺人罪のうち嬰児殺，保護責任者遺棄罪などが，このタイプの犯罪として行われる可能性があります。

　③激情犯は，憎悪や嫉妬といった感情の急激な高まりに起因して実行される犯罪で，それ故の無計画さが特徴と言われます。たとえば，殺人罪や傷害罪などのほか，強姦罪や器物損壊罪も，このタイプに含まれることがあります。

④政治犯とは，政治的な目的で実行される犯罪を言います。犯罪が個人の信条に基づき，政治的な確信をもって行われることも少なくありませんが，こうした場合には，確信犯とも呼ばれます。内乱罪や外患誘致罪はもちろんですが，政治的な目的から実行される建造物侵入罪，器物損壊罪，公務執行妨害罪なども，このタイプに該当します。

⑤愉快犯は，犯罪の際のスリルあるいは被害者や社会の反応を楽しむために，必要に迫られたわけでもないのに，行われる犯罪を言います。業務妨害罪，名誉毀損罪，脅迫罪などのほか，放火罪，傷害罪，窃盗罪など，多様な犯罪が，愉快犯として実行されています。

(2) 態様に基づく類型化

①暴力犯，②知能犯，③無力犯，④過失犯など犯罪の行為態様に基づく類型化もあります。

①暴力犯は，暴力を手段とする犯罪で，殺人罪や傷害罪などのほか，強盗罪や強姦罪も含まれます。②知能犯は，高度の知識や思考を用いて行われる犯罪で，詐欺罪，横領罪，背任罪などが，その典型例でしょう。③無力犯とは，犯人の無力的態度による犯罪を言い，窃盗罪や殺人罪のうち嬰児殺がこれにあたります。④過失犯は，犯人の不注意によって故意なく実行される犯罪で，現行刑法には，過失致死傷罪や失火罪などが定められています。

## 2 『犯罪白書』と『警察白書』

### (1) 『犯罪白書』の類型化

こうした動機や態様を基準にした類型化は，いずれか一方ではなく，両方を組み合わせることによって，多角的な犯罪情勢の把握を可能にします。たとえば，『平成25年版犯罪白書』は，こうした認識に立って，刑法犯と特別法犯の二分化をしたうえで，さらに刑法犯から自動車運転過失致死傷を除いた一般刑法犯について，①窃盗と②それ以外の一般刑法犯（殺人，強盗，傷害，暴行，脅迫，詐欺，恐喝，横領，強姦，強制わいせつ，放火，公務執行妨害，住居侵入，器物損壊）に分けて，それぞれの情勢を分析しています（第5講で詳述するように，自動車運転過失致死傷は，2013年の刑法改正で刑法から除かれ，自動車運転死傷行為処罰法に規定されたので，今後は，一般刑法犯には含まれないことになります）。他

方で，特別法犯として，①廃棄物処理法違反等，②児童福祉法違反等，③ストーカー規制法違反，配偶者暴力（DV）防止法違反等，④公職選挙法違反等が取り上げられています。

また，これらの犯罪類型とは別に，犯罪の特性によって類型化された①交通犯罪（危険運転致死傷罪，自動車運転過失致死傷，ひき逃げ，道交法違反），②財政経済犯罪（税法違反，強制執行妨害，競売入札妨害，商法・会社法違反，出資法違反，知的財産関連犯罪など），③サイバー犯罪（コンピュータ・電磁的記録対象犯罪・ネットワーク利用犯罪）について，それぞれの情勢や対策についても検討を加えています。

### (2) 『警察白書』の類型化

『犯罪白書』と同様，『警察白書』も，独自の犯罪の類型化に基づき，犯罪情勢の分析や対策の検討を行っています。そこでは，刑法犯のうち，重要犯罪（殺人，強盗，強姦，強制わいせつ，放火，略取誘拐・人身売買）と窃盗犯について取り上げられています。

また，年によって若干の相違がありますが，重要性の高い犯罪類型についても，個別に検討が加えられています。たとえば，『平成20年版警察白書』では，①刑法犯として重要犯罪（殺人，強盗，放火，強姦，略取・誘拐・人身売買，強制わいせつ）を取り上げるほか，②街頭犯罪（街頭での強盗，ひったくり，強姦，強制わいせつ，略取誘拐，暴行，傷害，恐喝など），③侵入犯罪（侵入強盗，侵入窃盗，住居侵入），④構造的な不正事案，（贈収賄事件，談合，競売入札妨害，政治資金規正法違反，金融不良債権関連事犯など），⑤通貨偽造犯罪，⑥カード犯罪，⑦知的財産権侵害事犯，⑧環境事犯，⑨サイバー犯罪などについて，取り上げられています。

> **犯罪者の特性に着目した類型化**　このような犯罪の特性に着目した類型化のほか，犯罪者の特性に着目した類型化も可能です。たとえば，『犯罪白書』は，①外国人犯罪者，②暴力団犯罪者，③薬物犯罪者，④高齢犯罪者，⑤精神障害のある犯罪者，⑥少年非行・少年犯罪に類型化し，それぞれの現状や対策について分析を加えています。『警察白書』も，犯罪者の特性に着目して，①組織犯罪（暴力団犯罪），②来日外国人犯罪，③少年非行・少年犯罪について検討を加えています。
> 　この他にも，ホワイトカラー犯罪（社会的に地位の高い者によって行われる犯罪）や女性犯罪者などの類型についても，個別の考察の必要性が唱えられています。

## Ⅴ　本書の視点

　以上のような多様な類型化方法をふまえ，本書では，犯罪の実態と刑法を中心とした犯罪対策の現状について効率よく，かつ可能な限り幅広く考察を加えることを目指して，法益および犯罪の特性に着目した次のような類型化を試みました。①人身犯罪，②交通犯罪，③性犯罪，④財産犯罪，⑤ビジネス犯罪，⑥公共危険犯罪，⑦偽造犯罪，⑧汚職犯罪，⑨その他の新しいタイプの犯罪。第2講で，こうしたさまざまな類型の犯罪について考察を加えるに当たって前提となる日本の犯罪情勢について整理した後，第3講から個々の犯罪類型について，順番に検討を加えていくことにします。

## 第2講
# わが国の犯罪情勢

## I 犯罪の「凶悪化」?

### 1 「治安大国」日本

　今,日本では,治安の悪化が懸念されています。かつての日本は,世界有数の「治安大国」でした。1960年代以降,個人の自由が拡大し,経済的に発展した欧米の国々では,犯罪情勢が悪化の一途を辿りましたが,「豊かな社会ではある程度仕方のないこと」と受け止められていました(モーリス・ホーキンス〔1971〕93頁)。ところが,日本だけは,こうした「常識」に反して,経済の発展と治安の維持を両立させていたのです。このため日本だけでなく,大勢の欧米の犯罪学者も,「なぜ日本の犯罪情勢だけが悪化しないのか」を真剣に研究してきました(クック〔1988〕19頁・タイタス〔1993〕8頁・宝月〔2004〕233頁)。

### 2 揺らぐ「安全神話」

　ところが,このところの日本では,凶悪な犯罪に関するニュースに接しない日はありません。このような事態に不安を覚えた人々の犯罪対策の強化を望む声は高まるばかりです。こうした声に応えるため,最近日本では,新しい種類の犯罪を設けたり,既存の犯罪に対する法定刑を重くしたりするための新しい法律の整備や既存の法律の改正が,かつてないほど頻繁に行われてきました。でも,本当に,日本の犯罪情勢は悪化しているのでしょうか。それは,何を根拠に導き出した結論なのでしょうか。実は,日本の犯罪情勢は悪化しているという考え方には,疑問も少なくないのです。
　これから,いろいろな種類の犯罪の特徴やそれぞれの性質に応じた対策について一緒に考えていきたいと思いますが,その前提として,日本の全体的

な犯罪情勢を正確に把握する意義は小さくありません。マクロとミクロの両方の視点から導かれた対策でなければ，効果が期待できないからです。そこで，本講では日本の全体的な犯罪情勢について，戦後の推移を整理し，今日的な特徴について考えてみたいと思います。

## II　戦後の犯罪情勢の推移

　日本の戦後の犯罪情勢の推移は（図 4 参照），①1948（昭和23）年から1950（昭和25）年を頂点とした第 1 期，②1970（昭和45）年を頂点として1950年代半ばから1975（昭和50）年頃までの第 2 期，③1975（昭和50）年以降現在までの第 3 期の 3 つの時期に分けて整理することができます（瀬川〔1998〕25頁）。

### 1　第 1 期

　生活の困窮（食糧の不足，インフレーションの進行，失業）や警察組織の弱体化など戦後の混乱は，日本の治安に直結し，犯罪情勢の悪化を招きました。犯罪の認知件数は急増し，1948（昭和23）年には160万3,265件に達しました。しかし，朝鮮戦争特需による景気の回復や政府の治安対策の整備によって，戦後復興が軌道に乗った1950（昭和25）年前後には，犯罪情勢も落ち着き，犯罪の認知件数は，減少に転じました。

### 2　第 2 期

　こうして一度は終息に向かうかに見えた犯罪の増加傾向は，1950年代半ばから息を吹き返しました。1970（昭和45）年には刑法犯の認知件数は，それまでの最高の193万2,401件を記録しました。その要因は，主として交通関係業過（交通事故による業務上過失致傷や業務上過失致死など）の急増に求めることができます。モータリゼーション（自動車の普及）の急速な進展によって，交通事故の発生する機会が大幅に増加したことが，認知件数増加の最大の要因と考えられているわけです。

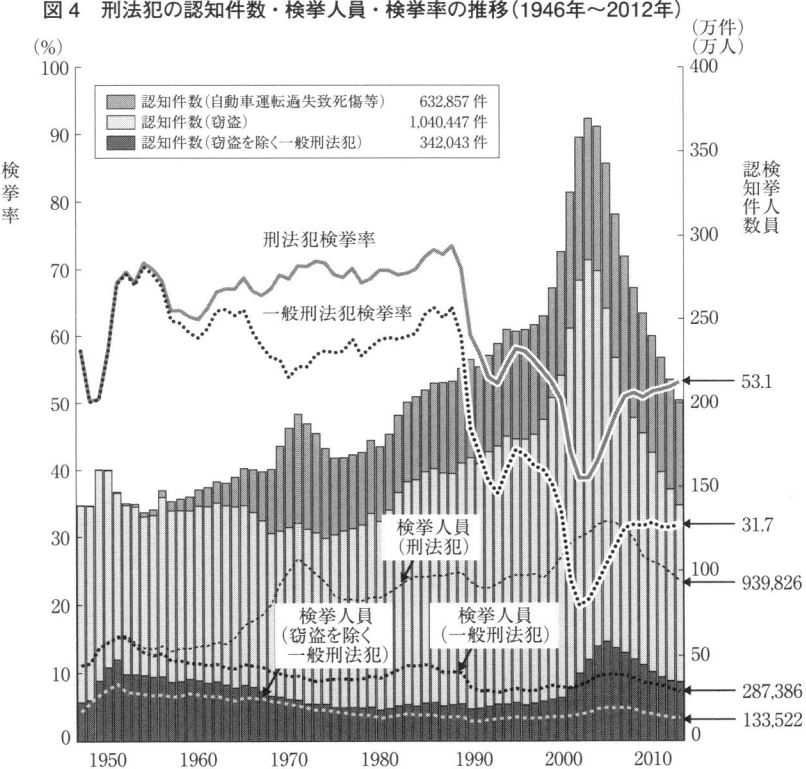

図4 刑法犯の認知件数・検挙人員・検挙率の推移（1946年～2012年）

注 1 警察庁の統計による。
  2 昭和30年以前は、14歳未満の少年による触法行為を含む。
  3 昭和40年以前の一般刑法犯は、「業過を除く刑法犯」である。
出典 『犯罪白書平成25年版』3頁。

　その証拠に、交通関係業過を除く刑法犯の認知件数は、多少の増減を示しながらも、大きな流れとしては、1970年代半ばまで緩やかな減少傾向を示し続けていたのです。その後、道路や関連設備の整備、交通取締りの強化、交通安全教育の展開など、交通犯罪対策の充実が図られたこともあり、交通関係業過の増加に歯止めがかかると、全刑法犯の認知件数も、1970（昭和45）年をピークとして再び減少に転じました。

## 3　第3期

　第2期の特徴が，交通関係業過の増加にあったのに対して，第3期の特徴は，それ以外の刑法犯の増加傾向に見出すことができます。刑法犯認知件数は，1975（昭和50）年以降，ほぼ一貫して増加し，初めて200万件を超えた1982（昭和57）年からは，毎年のように，戦後最高値を記録していました。そうした認知件数の増加傾向は，1998年以降一層顕著になりました。2002（平成14）年までの5年間で120万件以上の増加を見せたのです。その後，減少に転じ，2012（平成24）年には10年前のピーク時から40％以上少ない201万5,347件にとどまりました。

　第3期の前半に認知件数が増加した主な要因は，窃盗と横領にありました。1970年代半ば以降の認知件数の増加の約8割は，この2つの犯罪によって占められていました。その結果として，1970年前後，刑法犯の中でこの2つの犯罪が占める割合は50％強でしたが，1980年代以降は65％前後（交通関係業過を除くと約90％）にまで高まりました。ただし，窃盗や横領といっても，他人の家に忍び込んでの財物の窃取（侵入窃盗）や会社のお金の着服（業務上横領）が増えたわけではありません。窃盗の大半は，自転車盗やオートバイ盗などの乗物盗や万引きやひったくりの非侵入盗でした。横領も，放置自転車の乗り逃げ（遺失物横領）が大多数を占めました。他方，殺人や傷害は減少傾向にあり，強盗も毎年2,000件前後でほぼ横這い状態が続くなど，この時期，凶悪犯罪は，全体的には，深刻な状態にはないと受け止められていたのです。ただし，後述するように，1997（平成9）年以降は，殺人，傷害，強盗，強姦などの凶悪な犯罪が増加しました。

　第3期の犯罪情勢のもう1つの特徴としてあげられるのが，少年による犯罪の比率が高まったことです。1970年代半ば以降，少年の検挙人員は，顕著な増加傾向を示し，全検挙人員中に少年の占める割合（少年比）も，1981（昭和56）年から1992（平成4）年まで，ほぼ毎年50％を上回っていました。しかし，この点についても，1998年以降少年人口そのものの減少もあり，徐々に減少し，近年では，25％前後で推移しています。

　こうした特徴をふまえ，第3期の犯罪情勢は，1997年までは量的には増加しているが，質的に「凶悪化」しているとはいえず，全体としては，安定し

ているという評価が一般的でした。

## III　今日の犯罪情勢

### 1　犯罪情勢を論じる意義

　これに対して，1998年以降今日までの犯罪情勢をどのように評価し，どのように位置づけるのかは，難しい問題です。1つの評価として，今日も1970年代半ばから始まった第3期の延長にあるという考えがありえるでしょう。なぜなら，1998（平成10）年に始まった急激な刑法犯認知件数の増加は，2002（平成14）年にピークを迎えて，翌2003（平成15）年から減少に転じたとはいえ，数年前まで「戦後を通じて見ると，まだ相当高い水準に」（法務総合研究所〔2009〕3頁）にあったうえに，刑法犯の認知件数の中で，窃盗や横領が占める割合が高いことも，第3期の初めから変わっていないからです（2008〔平成20〕年は全刑法犯の56.9％が窃盗と横領）。

　しかし，他方では，今までに比べて，強盗や傷害などの凶悪犯罪の認知件数に増加傾向が見られ，成人犯罪者の比率も高まっているなどの新しい特徴も見出すことができます。このため，1998年以降，日本は「第4期」を迎えたと位置づけることもできそうです。

　このように犯罪情勢をいかに評価するかの検討が重要な理由は，それが犯罪対策の方向性に直結するからです。前述したように，過去10年ほどの間に，日本では，犯罪情勢の悪化・凶悪犯罪の深刻化を前提に，法定刑の引上げを始めとした刑法などの改正が次々と行われてきました。もし，犯罪情勢に変化がないとすれば，こうした刑法改正の必要性に疑問が生じてきます。はたして，日本の犯罪情勢は，深刻化しているのでしょうか。次に，この点について考えてみましょう。

### 2　凶悪犯罪の深刻化？
#### (1)　凶悪犯罪の認知件数

　今日の凶悪犯罪の実態を整理すると，次の通りです。①殺人の認知件数

が，1990年代を迎えた頃から漸増傾向を見せ，2003（平成15）年には1,452件で，10年前の1993（平成5）年の1.18倍でした。その後は一転して減少し，9年後の2012（平成24）年には，1993年の約0.7倍にまで低下しました。②同時期，傷害罪の認知件数の増加も顕著で，2003年には3万6,568件で，10年前の1993年の2.02倍でした。傷害罪についても，その後，減少に転じたものの2012年の認知件数は2万7,962件で，なお1993年の1.5倍以上にのぼっています。③強姦罪と強制わいせつ罪の認知件数も同様の推移が認められ，2003年は，それぞれ2,472件と1万29件で，10年前の1.53倍と2.80倍でした。その後，強姦罪については，2011（平成23）年には1,185件と1993年の数値よりも400件以上少ないところにまで減少しましたが，2012年には1,240件と再び増加しました。強制わいせつ罪についても，2009（平成21）年には6,688件に減少しましたが，その後は下げ止まり，2012年には7,263件となり，ピーク時に比べれば低下したものの，なお戦後の推移の中では高い水準を維持しています。④強盗の認知件数は最も悪化し，2003年は7,664件で，10年前の3.11倍でした。2012年には3,658件にまで減少していますが，強制わいせつ罪と同様，なお戦後の推移の中では，高い水準にあるといえます。このようにわが国の犯罪情勢は，2003年のピーク時には，過去に例を見ない認知件数に達し，その後は，減少傾向が見られる犯罪類型（殺人罪，傷害罪，強姦罪など）と減少しつつも，戦後の推移の中では高い水準にある犯罪類型（強制わいせつ罪や強盗罪など）とに分けることができます。ただし，前者の犯罪類型にしても，漸増傾向にあった15年前の水準を下回ったに過ぎず，改善したとまでは言い切れません。こうした近年の凶悪犯罪の動向を根拠に，犯罪情勢への懸念が高まっているのです（後藤〔2009〕17頁）。

　また，検挙率の低下についても，危惧が示されています。かつて，日本の警察は，世界的にも類を見ないほど，高い検挙率を誇っていました。しかし，その比率は，1980年代後半から急速に低下し，60％前後であった刑法犯の検挙率は，わずか15年ほどの間に20％を切るまでに低下してしまったのです。その後は少しもち直しましたが，2012年も31.7％にとどまっています。凶悪犯罪の増加と同時に，こうした警察の検挙能力の低下が，日本の「治安崩壊」への懸念を拡大させているのです（前田〔2003〕42頁）。

III　今日の犯罪情勢　　19

表 1　凶悪犯罪の認知件数の年代別比較

|  | 1964年 | 2003年 | 2012年 |
|---|---|---|---|
| 殺　人 | 2,366 | 1,452 | 1,030 |
| 傷　害 | 61,282 | 36,568 | 27,962 |
| 暴　行 | 46,965 | 21,937 | 31,802 |
| 強　姦 | 6,857 | 2,472 | 1,240 |

　しかし，一方で，そうした懸念は，マスコミが作り出した幻想に過ぎないとの批判が加えられています。では，どちらの分析が正しいのでしょうか。

　たしかに，10年前と比べれば，多くの凶悪犯罪の認知件数は増加しています。しかし，全刑法犯認知件数と違い，凶悪犯罪のうち，殺人罪，傷害罪，暴行罪，強姦罪の認知件数は，50年前と比べれば，下回っているのです。具体的には，1964（昭和39）年の殺人罪の認知件数は2,366件，傷害は 6 万1,282件，暴行は 4 万6,965件，強姦は6,857件だったのです（**表1**参照）。

　また，強盗についても，警察の認知件数の記録方針の変更などが影響しているとの指摘もあります（河合〔2004〕60頁）。さらに，検挙率の低下についても，警察が，窃盗に対する捜査・検挙の方針を転換したことが主要因で，検挙能力の低下を意味していないと指摘されています（河合〔2004〕75頁）。したがって，これらの数値だけを根拠に，今日の犯罪情勢を「史上最悪」と評価することはできません。

　**暗　数**　犯罪の認知件数など，統計に計上された数値は，社会で実際に発生した犯罪の数を表しているわけではありません。現実に発生している犯罪の中には，被害者が自らの被害に全く気がついていない犯罪（気づかれざる犯罪）や賭博など直接被害をこうむった者がいない犯罪（被害者なき犯罪）などが少なからず存在しています。また，たとえば万引きを発見しても注意するだけで警察には届けないといったように，被害者が犯罪に気付いても警察に届けないこともありえます。これらの犯罪は警察にも認知されないことが多く，そのため犯罪統計に含まれない場合があるのです。こうした警察に認知されない犯罪の数は「暗数（dark figures）」と呼ばれ，犯罪統計の意義を揺るがす問題と考えられてきました。

表2 過去10年の主要犯罪の認知件数・発生率・検挙率の国別比較

| | 年 | 日本 | フランス | ドイツ | イギリス | アメリカ合衆国 |
|---|---|---|---|---|---|---|
| 認知件数 | 2001 | 2,735,612 | 4,061,792 | 6,363,865 | 5,525,024 | 11,876,669 |
| | 2002 | 2,854,061 | 4,113,882 | 6,507,394 | 5,898,560 | 11,878,954 |
| | 2003 | 2,790,444 | 3,974,694 | 6,572,135 | 6,013,759 | 11,826,538 |
| | 2004 | 2,563,037 | 3,825,442 | 6,633,156 | 5,637,511 | 11,679,474 |
| | 2005 | 2,269,572 | 3,775,838 | 6,391,715 | 5,555,172 | 11,565,499 |
| | 2006 | 2,051,229 | 3,725,588 | 6,304,223 | 5,427,558 | 11,454,724 |
| | 2007 | 1,909,270 | 3,589,293 | 6,284,661 | 4,952,276 | 11,305,182 |
| | 2008 | 1,818,374 | 3,558,329 | 6,114,128 | 4,702,698 | 11,168,613 |
| | 2009 | 1,703,369 | 3,521,256 | 6,054,330 | 4,338,372 | 10,662,956 |
| | 2010 | 1,586,189 | 3,447,903 | 5,933,278 | 4,150,097 | 10,329,135 |
| 発生率 | 2001 | 2,149 | 6,880 | 7,736 | 10,552 | 4,163 |
| | 2002 | 2,239 | 6,932 | 7,893 | 11,220 | 4,125 |
| | 2003 | 2,185 | 6,666 | 7,963 | 11,240 | 4,067 |
| | 2004 | 2,006 | 6,386 | 8,037 | 10,625 | 3,977 |
| | 2005 | 1,776 | 6,235 | 7,747 | 10,399 | 3,901 |
| | 2006 | 1,605 | 6,103 | 7,647 | 10,102 | 3,808 |
| | 2007 | 1,494 | 5,833 | 7,635 | 9,157 | 3,730 |
| | 2008 | 1,420 | 5,751 | 7,436 | 8,636 | 3,673 |
| | 2009 | 1,330 | 5,639 | 7,383 | 7,915 | 3,473 |
| | 2010 | 1,239 | 5,491 | 7,253 | 7,514 | 3,350 |
| 検挙率 | 2001 | 19.8 | 24.9 | 53.1 | 23.4 | 19.6 |
| | 2002 | 20.8 | 26.3 | 52.6 | 23.6 | 20.0 |
| | 2003 | 23.2 | 28.8 | 53.1 | 23.5 | 19.8 |
| | 2004 | 26.1 | 31.8 | 54.2 | 20.5 | 19.9 |
| | 2005 | 28.6 | 33.2 | 55.0 | 23.8 | 19.7 |
| | 2006 | 31.3 | 34.3 | 55.4 | 25.7 | 19.3 |
| | 2007 | 31.7 | 36.1 | 55.0 | 27.7 | 20.0 |
| | 2008 | 31.6 | 37.6 | 54.8 | 28.4 | 20.8 |
| | 2009 | 32.0 | 37.7 | 55.6 | 27.8 | 22.1 |
| | 2010 | 31.4 | 37.4 | 56.0 | 27.8 | 21.7 |

## 3 諸外国との比較

では，諸外国の犯罪情勢と比較した場合，日本の犯罪情勢は，どのように評価できるでしょうか。次に，角度を変えて，この点について検討してみましょう。

III 今日の犯罪情勢  21

表3 過去10年の殺人罪の認知件数・発生率・検挙率の国別比較

| | 年 | 日本 | フランス | ドイツ | イギリス | アメリカ合衆国 |
|---|---|---|---|---|---|---|
| 認知件数 | 2001 | 1,436 | 2,289 | 2,641 | 1,747 | 16,037 |
| | 2002 | 1,489 | 2,415 | 2,664 | 1,862 | 16,229 |
| | 2003 | 1,530 | 2,173 | 2,541 | 1,792 | 16,528 |
| | 2004 | 1,508 | 2,097 | 2,480 | 1,608 | 16,148 |
| | 2005 | 1,458 | 2,107 | 2,396 | 1,684 | 16,740 |
| | 2006 | 1,361 | 1,937 | 2,468 | 1,391 | 17,309 |
| | 2007 | 1,243 | 1,866 | 2,347 | 1,395 | 17,128 |
| | 2008 | 1,341 | 1,899 | 2,266 | 1,237 | 16,465 |
| | 2009 | 1,149 | 1,630 | 2,277 | 1,209 | 15,399 |
| | 2010 | 1,103 | 1,746 | 2,218 | 1,167 | 14,748 |
| 発生率 | 2001 | 1.1 | 3.9 | 3.2 | 3.3 | 5.6 |
| | 2002 | 1.2 | 4.1 | 3.2 | 3.5 | 5.6 |
| | 2003 | 1.2 | 3.6 | 3.1 | 3.4 | 5.7 |
| | 2004 | 1.2 | 3.5 | 3.0 | 3.0 | 5.5 |
| | 2005 | 1.1 | 3.5 | 2.9 | 3.2 | 5.6 |
| | 2006 | 1.1 | 3.2 | 3.0 | 2.6 | 5.8 |
| | 2007 | 1.0 | 3.0 | 2.9 | 2.6 | 5.7 |
| | 2008 | 1.0 | 3.1 | 2.8 | 2.3 | 5.4 |
| | 2009 | 0.9 | 2.6 | 2.8 | 2.2 | 5.0 |
| | 2010 | 0.9 | 2.8 | 2.7 | 2.1 | 4.8 |
| 検挙率 | 2001 | 93.0 | 77.2 | 94.1 | 79.9 | 62.4 |
| | 2002 | 95.3 | 75.8 | 95.9 | 81.4 | 64.0 |
| | 2003 | 93.7 | 81.0 | 95.6 | 77.3 | 62.4 |
| | 2004 | 94.5 | 85.3 | 96.1 | 82.4 | 62.6 |
| | 2005 | 96.2 | 84.2 | 95.8 | 64.8 | 62.1 |
| | 2006 | 96.9 | 90.2 | 95.5 | 80.8 | 60.7 |
| | 2007 | 96.1 | 89.8 | 96.8 | 81.1 | 61.2 |
| | 2008 | 95.4 | 87.6 | 97.0 | 83.8 | 63.6 |
| | 2009 | 97.4 | 92.8 | 95.7 | 79.8 | 66.6 |
| | 2010 | 96.9 | 90.7 | 95.4 | 81.3 | 64.8 |

(1) 主要な犯罪の比較

アメリカ合衆国，イギリス，フランス，ドイツの4か国と主要な犯罪の認知件数を比較してみると，日本が最も少ないことが分かります。また，発生率についても，日本が一番低くなっています。ここからは，欧米諸国と比べ

れば，なお日本の治安は危機的な状況とまではいえないように思えます。ただ，検挙率が，一時は最も低いアメリカ合衆国とほとんど変わらない水準（20％前後）まで低下し，2010年でも，ドイツやフランスよりも低いことは気がかりです（**表2**参照）。

### (2) 殺人の比較

今度は，殺人の認知件数について，欧米4か国と比べてみましょう（**表3**参照）。やはり，ここでも日本が最も少ないことが分かります。また，発生率についても，同様に，日本が一番低くなっています。さらに，殺人については，検挙率においても，ドイツと肩を並べて高い水準を維持しています。

### (3) 犯罪時計

長い間，犯罪情勢の悪化に悩まされてきたアメリカ合衆国では，その重要性を市民に理解してもらうため，連邦捜査局（FBI）が「犯罪時計（crime clock）」と呼ばれる数値を公表しています。これは，犯罪が発生する割合を平均時間で表示したもので，国内で，どのくらいの割合で犯罪が起きているのかを示す指針として用いられています。たとえば，2012年の犯罪時計によると，アメリカ合衆国では，25.3秒に1度の割合で，何らかの暴力犯罪が発生しています。そのうち殺人（murder）は，35.4分に1度の割合で起こっています。この他，強姦（forcible rape）は，6.2分に1度の割合で，強盗（robbery）が1.5分に1度の割合で起こっています。これに対して，財産犯罪は3.5秒に1度の割合で起こっています。そのうち窃盗（larceny-theft）は，5.1秒に1度の割合で，起こっている計算になります（**表4**参照）。

表4　アメリカ合衆国と日本の犯罪時計（2012年）

| 国名 | 殺人 | 強姦 | 強盗 | 窃盗 |
|---|---|---|---|---|
| アメリカ合衆国 | 35.4分 | 6.2分 | 1.5分 | 5.1秒 |
| 日本 | 510.3分 | 423.9分 | 143.7分 | 30.3秒 |

では，日本の場合はどうなるでしょうか。日本版「犯罪時計」を作ってみると，殺人が8時間30分18秒に1度，強姦が7時間3分54秒に1度，強盗が2時間23分42秒に1度起こっているという計算になります。これに対して，窃盗は，30.3秒に1度起こっていることになります（ただし，日本の場合，窃盗には，車上ねらいも含まれています）。

### (4) 治安を評価する基準

これらの海外と比較した数値をみて，皆さんは，どのような感想をもたれたでしょう。海外に比べて，日本の犯罪認知件数が少ないことは分かります。しかし，それは，必ずしも日本の治安に問題がないということを意味しません。平均すると，毎日2.8件の殺人事件，3.4件の強姦事件，10件の強盗，2,851件の窃盗が起こっている社会は，どのように評価されるべきでしょう。「やっぱり，アメリカやヨーロッパの国々よりも安全だな」と思う人もいれば，「思ったよりも，差が少ないんだな」と思う人もいるでしょう。そうした評価の違いは，日本の治安を評価するに当たっての基準が明確でないことに起因しているのです。

## 4 「体感治安」の悪化

実は，最近の社会の処罰感情にとって，大きな影響を及ぼしているのは，「体感治安」と呼ばれる治安に対する人々の印象の悪化なのだと言われます。

かつて「水と安全はただ」といわれた時代には，日本には，「安全神話」が厳然と存在していました。殺人罪，傷害罪，暴行罪，強姦罪の認知件数が，今日のそれと比べて大きく上回っていたにもかかわらず，「治安大国」日本に対する国民の信頼は極めて高かったわけです。これに対して，最近では，「治安大国」への信頼は影をひそめ，国民の中に，犯罪に対する不安感が広がっています。

もちろん，こうした不安感は，マスコミが煽り立てて生じさせた「モラル・パニック」という側面もあるでしょう。しかし，1980年代以降の欧米では，こうした「犯罪に対する不安感 (fear of crime)」が，国民のライフ・スタイルの変更や刑事司法に対する不信感につながることを重く受け止め，そ

の解消のための手だてを講じる必要性が唱えられるようになっています。こうした問題意識は，日本にも当てはまるはずです。

　何より，善し悪しにかかわらず，現実に，私たちの生活は，マスメディアから発信される多量の迅速な情報と密接に結びついています。「昔に比べて，凶悪犯罪の数は増えていないのに，深刻化しているのはおかしい」ともいえるでしょうが，「昔に比べて，マスメディアが発達した今日では，正しい情報に基づいた認識を持つことが可能になった」のであって，そうした認識として，「犯罪に対する不安感」が高まっているという意見も否定できないのではないでしょうか。

　また，量的な分析だけでは見えてこない犯罪の質についても着目すべきでしょう。今，犯罪の「凶悪さ」が論じられるとき，「殺人＝凶悪」といった単純な公式が用いられているのでしょうか。殺人の中でも，残忍さ，異常性などが高いものを「凶悪」と呼び，そうした犯罪への対策の強化を望んでいるのではないでしょうか。もし，この理解が誤っていなければ，量的な分析だけでは，日本の犯罪情勢を理解すること自体が十分でないということになるでしょう。

> 「モラル・パニック」　マスメディアが，治安の悪化や犯罪情勢の深刻化を報じると，人々は，その原因を，「コンビニの前でたむろする少年たち」や「ゲームにはまった人たち」といった自分たちと価値観を異にする少数者に求め，彼らを社会から排除しようという強い集団心理を抱くことがあります。こうした集団心理が「モラル・パニック」と呼ばれ，1972年にイギリスの社会学者スタンリー・コーエンによって提唱されました。コーエンらは，こうした現象が，さらに，価値を同じくする者だけで社会を形成するため，少数者を排除する「排除型社会」を生み出すことにつながるとして，冷静な対応の必要性を唱えたのです（瀬川〔1995〕165頁）。

# 第3講
# 人身犯罪（その1）
―― 生命に対する犯罪 ――

## I 刑法における生命の保護

　第1章で述べたように，「個人の尊重」を謳う日本国憲法13条の精神からすれば，個人法益が非常に大切だということに異論はないでしょう。なかでも，個人の存在の前提となる生命は，最も重要な法益です。

　このため現行刑法は，殺人罪（刑199条）や同意殺人罪（202条）という故意犯のほか，過失致死罪（210・211条）や傷害致死罪（205条）などの過失犯や結果的加重犯，殺人予備罪（201条）や凶器準備集合罪（208条の3）といった殺人の準備行為，遺棄罪（217・218条）のような危険犯を定め，人の生命の手厚い保護を図っています。また，生命を侵害する行為の法定刑は重く，たとえば，殺人罪は，死刑または無期もしくは5年以上の有期懲役に処すると定められています。さらに，人になる前の生命，つまり胎児の生命も，堕胎罪によって保護されています。

## II 生命の始まりと終わり

### 1 胎児の始まり

　刑法が保護するのは，胎児と人の生命です。このうち，胎児の生命は，受精卵の子宮着床終了時から保護されると考えられています（図5参照）。この時点から，母体内で安定して成長する確率が高まるからです。

　したがって，不妊治療などのために試験管の中で体外受精させた受精卵を損壊する行為は，現行刑法上は，生命として保護されません。せいぜい他人

の財物を破壊したとして，器物損壊罪の成立の可能性はありますが，受精卵を財物として保護することには疑問も残ります。

図5　胎児の成長

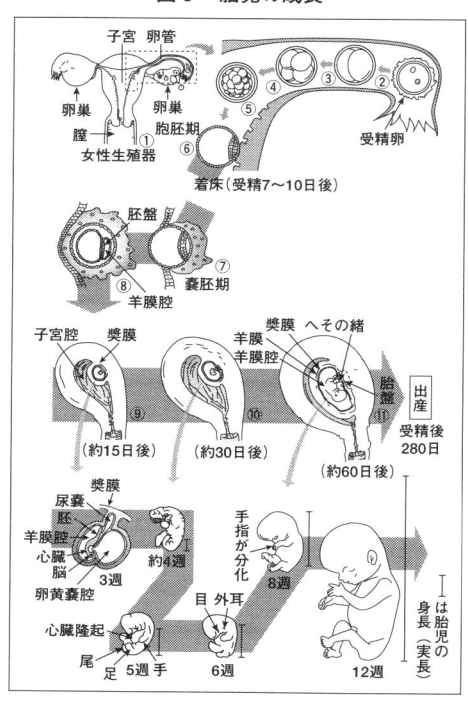

> **「ヒト・クローン」の創造**　近年のバイオテクノロジーのめざましい発展は，生命の人工的な創造を可能にしました。そうした技術の1つにクローニングがあります。クローンとは，遺伝的に同一の個体を意味します。このように特定の人物と同一の遺伝子をもつ「人」を人工的に作る主な目的は，臓器移植の供給源であるといわれています。他人からの臓器移植は，免疫拒絶反応を生じるため危険をともないますが，同一の遺伝子をもつ者の臓器なら，こうした心配はいりません。そこで，クローンを作り，その臓器を患者に移植すれば，臓器移植の成功率が飛躍的に高まると考えられているのです。
> 　しかし，これでは，クローンは，臓器を摘出されるために生まれてくることになり，人間としての尊厳を蔑ろにされているといえるでしょう（金城〔1998〕178頁以下）。そこで，欧米では，人間のクローン（ヒト・クローン）に関する実験が禁止されていました。日本でも，2000（平成12）年に，ヒトに関するクローン技術等の規制に関する法律が制定され，「人クローン胚，ヒト動物交雑胚，ヒト性融合胚又はヒト性集合胚を人又は動物の胎内に移植」することを禁じ（3条），これに違反した者を10年以下の懲役若しくは1,000万円以下の罰金に処し，またはこれを併科することを定めました（町野〔2001〕86頁）。

## 2　人の始まり

前述したように，刑法は，人と胎児の生命を保護するための規定をおいています。しかし，過失犯処罰・予備・未遂処罰の有無や法定刑の違いなど，両者の保護には，大きな格差が存在することから，生命は，いつから「人」となって，刑法上の手厚い保護を受けられるのかが重要な問題となります。

この点について，大審院時代の判例には，母体外に胎児の一部が露出した時点と判示したものがあり（大判大正8年12月13日刑録25輯1367頁），通説も，この一部露出説を支持しています。このように一部露出説が広く支持されている主たる理由は，母体外に一部でも露出すれば，直接侵害を加えることが可能になるという点にあります。

しかし，一部露出説には，①直接的な攻撃が可能であることを根拠とするのは，加害者側の行為の態様によって客体の性質を区別することになり，基準の立て方として妥当性を欠き，②加害行為が，露出前であったか，露出後であったかを立証することは容易でないことから，基準としての安定性も欠けるといった批判が加えられてきました。このため，学説上は，母体外に，全部露出して初めて「人」となるという全部露出説も有力に唱えられています。また，最近では，出産中の誕生する新しい生命の適正な保護を図るためには，産婦人科医などの過失に基づく新しい生命の侵害を刑法上の規制の対象とする必要があるという問題意識から，一部露出説よりも早い出産開始段階で，胎児は人になるという出産開始説が有力化しています。

## 3　人の終わり

では，生命は，いつまで「人」としての保護を受けることができるのでしょうか。つまり，人が，死んだと認められるのは，どの時点からなのでしょうか。生命の始まりと同様に，「人」は，殺人罪・傷害罪などで手厚く保護されているのに対して，「死体」は，死体損壊罪（190条）の客体として保護されているに過ぎないことから，「人の始まり」と同様に，「人の終わり」も重要な意義をもっています。

従来，人の死の判断基準は，①脈拍停止，②呼吸停止，③瞳孔散大という3つの徴候を基準に判断されてきました（三徴候説）。ところが，臓器移植医

療の発展とリンクして「脳死」の概念が台頭してきたことから，問題が複雑化してきたのです。

　つまり，臓器移植技術の発達によって，今までなら治療不可能であった内臓疾患の患者の生命を救うことが可能になりました。しかし，心臓など一部の臓器は，前述した３つの徴候が確認された後では，細胞の壊死が始まってしまうため，移植に使用することができません。そこで，まだ心臓は動いている時点で，脳が機能を停止していて，回復が不可能であることを根拠に，「脳死」を「人の死」として扱う見解が有力化してきたのです。

　こうした見解には，医学，宗教，倫理など，さまざまな観点からの反対論が，今なお根強く唱えられています（中山〔2001〕168頁）。しかし，現実には，臓器移植のための必要性が優先され，1997（平成９）年に制定された臓器移植法によって，日本でも，「脳死」の概念が採用されることになりました。

「和田心臓移植」事件　　諸外国に比べて，脳死判定の導入や心臓移植の実施に向けた法制の整備が遅れた背景として，しばしば「和田心臓移植事件」の後遺症が指摘されます。世界で最初の心臓移植手術が南アフリカで実施されてから８ヶ月ほどが経った1968（昭和43）年８月，札幌医科大学で日本で最初，世界でも30例目の心臓移植手術が行われました。手術は，社会的に大きな注目を集め，マスコミも，担当医師を「英雄」として取り上げました。しかし，手術から83日目にレシピエントが急死すると，様相は一変し，「ドナーは本当に脳死だったのか？」，「レシピエントの容態は，移植手術を受けなければならないほど重篤だったのか？」といった疑問が浮かび上がりました。市民から殺人罪や業務上過失致死罪で刑事告発された医師は，証拠不十分で不起訴となりましたが，根深い医療不信を日本社会に植え付けてしまい，その後の移植医療の発展の足かせになったというわけです。1997（平成９）年に臓器移植法が制定され，2010（平成22）年には，脳死者本人の意思がなくても，臓器提供ができるようになった改正臓器移植法が施行に移されましたが，なお日本の臓器移植は諸外国に比べ，活発とは言い難いのが実情です。そんな現状にも，医療不信が影を落としていることは否定できないでしょう。和田心臓移植事件は，そうした医療不信の大きな要因になっているのです（共同通信社社会部移植取材班編〔1998〕）。

## III 殺人罪

### 1 殺人罪の認知件数の推移

殺人罪の認知件数は，戦後の1940年代後半（昭和20年代前半）に急増し，1954（昭和29）年には，3,081件と戦後のピークに達しました。その後は，増減をくり返しながらも，長期的には，減少傾向を示してきました。ところが，1990年代半ば頃から，微増傾向が見られ，2003（平成15）年には1,452件と，一番少なかった1991（平成3）年の1,215件から200件以上も増加しました。しかし，翌年の2004（平成16）年からは減少に転じましたが，2012（平成24）年には，1,030件と前年比21件（2.0％）の増加を記録しました（図6参照）。

図6 殺人罪の認知件数の推移

## 2 殺人罪の質的変容
### (1) 猟奇的な殺人

最近，こうした量的な増減では測れない殺人の質的変化も指摘されています。とくに，かつては想像できなかったような猟奇的殺人事件の発生を懸念する声が聞こえてきます。

たしかに，過去10年の間にも，残虐な方法を用いたり，殺害後，被害者の遺体を切断したりといった私たちを震撼させる殺人事件が，幾度となくマスコミに大きく取り上げられています。しかし，そうした事件は，最近になって起こり始めたわけではないのです。たとえば，猟奇的殺人の典型例と言えば，「バラバラ殺人」ですが，記録に残っているところでは，この種の事案に対して，日本で最初に「バラバラ」という表現が用いられたのは，1932（昭和7）年の「玉ノ井バラバラ殺人事件」のときで，同種の事件は，もっと古くからあったそうです（龍田〔2000〕16頁）。したがって，少なくとも，こうした点からは，犯罪が最近になって突然「猟奇的」になったとは言えません。猟奇的な犯罪への懸念は，マスコミが作った幻想でなく，客観的事実なのか，慎重な検討が必要でしょう。

### (2) 殺人罪における執行猶予

殺人罪は，法益として最も重要な人の生命を侵害する犯罪です。このため，本罪の法定刑には，現行法上，最も重い刑罰である死刑が用意されています。毎年，第1審において，殺人罪で有罪を言い渡された者のうち，1％前後のものが，死刑を言い渡されています。しかし，他方において，法定刑の下限は，懲役5年と定められています。これは，情状の酌量が認められれば，執行猶予の判決を受ける可能性も認められることを意味します。現に，殺人罪で起訴され，有罪を言い渡された者のうち，20％以上が毎年執行猶予を言い渡されているのです（**表5**参照）。生命を侵害していない強盗致傷罪（240条前段）や強盗強姦罪（241条前段）の法定刑の下限が，懲役7年と定められていることと比較しても殺人罪の法定刑の下限が低いことが分かります。

これは，殺人罪が動機犯と呼ばれ，加害者と被害者の間に，葛藤や利害の相反など密接な関係の存在しているケースが多数含まれており，その中には，被害者に落ち度がある場合や加害者に重い刑罰をもって非難を加えるの

表5　過去10年の第1審裁判所における殺人罪終局処理人員の動向

|  | 死刑 | 死刑率 | 無期懲役 | 無期懲役率 | 有期懲役 | うち執行猶予 | 執行猶予率 |
|---|---|---|---|---|---|---|---|
| 2003 | 9 | 1.2 | 15 | 1.9 | 742 | 148 | 19.9 |
| 2004 | 9 | 1.1 | 33 | 4.0 | 765 | 137 | 17.9 |
| 2005 | 11 | 1.3 | 38 | 4.6 | 766 | 140 | 18.3 |
| 2006 | 2 | 0.3 | 26 | 3.7 | 668 | 119 | 17.8 |
| 2007 | 10 | 1.6 | 21 | 3.4 | 578 | 109 | 18.9 |
| 2008 | 3 | 0.5 | 16 | 2.7 | 561 | 106 | 18.9 |
| 2009 | 5 | 1.0 | 18 | 3.9 | 465 | 98 | 21.1 |
| 2010 | 3 | 0.7 | 14 | 3.1 | 425 | 97 | 22.8 |
| 2011 | 3 | 0.8 | 9 | 2.3 | 363 | 92 | 25.3 |
| 2012 | 2 | 0.6 | 20 | 5.7 | 328 | 80 | 24.4 |

死刑率＝【死刑判決の言渡しを受けた人員数】÷【殺人罪の第1審裁判所終局処理人員総数】
無期懲役率＝【無期懲役刑判決の言渡しを受けた人員数】÷【殺人罪の第1審裁判所終局処理人員総数】
執行猶予率＝【執行猶予判決の言渡しを受けた人員数】÷【有期懲役刑判決の言渡しを受けた人員数】

が忍びないケースも少なくないという事実に起因しています。2012（平成24）年のデータで，殺人の加害者と被害者の関係を見てみると，53.5％が親族，33.9％が親族以外の面識がある者であるのに対して，面識のない者は11.7％にとどまっています。

### 3　刑法199条

　欧米では，殺人を「謀殺」と「故殺」に分けている立法例が少なくありません。「謀殺」とは，他人の生命を奪う意図をもって殺害行為に及ぶ場合を指し，「故殺」とは，そうした意図をもたずに殺害行為を行う場合を指します。
　これに対して，日本の現行刑法は，殺人罪について，199条において，「人を殺した」と規定しているに過ぎません。したがって，どれだけ計画的であったか，どれだけ殺害方法の残虐性が高いか，被害者とどのような関係にあるのかといった点は，殺人罪の成否には影響を及ぼさず，量刑で考慮されることになります。

## IV　自殺関与罪と同意殺人罪

　刑法202条には，①自殺教唆，②自殺幇助（①と②を合せて自殺関与罪と呼ぶ），③承諾殺人，④嘱託殺人（③と④を合せて同意殺人罪と呼ぶ）という4つの異なる犯罪が定められています。これらの犯罪は，必ずしも1つの性質の犯罪ではありませんが，被害者に自己の生命の放棄に関する自己決定が存在する点で共通することから，まとめて規定され，6月以上7年以下の懲役または禁錮という，殺人罪に比べて軽い法定刑が用意されているのです。

### 1　自殺関与罪
### (1)　自殺の不可罰性
　現行刑法には，自殺を犯罪とする規定はありません。それにもかかわらず，自殺を唆したり，自殺を手伝ったりする関与行為が，犯罪になるのは，なぜでしょう。この問題を検討するには，まず自殺が犯罪ではない理由から考察する必要があります。
　この点について，学説上は，①人は，自らの生命について処分する自由をもつから，自殺は違法ではないとする違法性阻却説，②自殺は，違法であるが，可罰的違法性がないとする可罰的違法性阻却説，③自殺は，違法であるが，期待可能性がないとする責任阻却説が対立しています。
### (2)　自殺関与罪の処罰根拠
　このうち，②可罰的違法性阻却説と③責任阻却説は，自殺への関与を処罰する理由をうまく説明できます。つまり，自殺そのものは，本来違法であるわけですから，違法行為への関与は，違法である一方で，自殺者に認められるような可罰的違法性や期待可能性を否定する事情がないため，関与行為は，犯罪となるのです。しかし，これらの見解は，なぜ自殺者が，自らの生命を処分することを違法と評価することができるのか，その根拠が明確でありません（本講のⅣ2 (1) を参照）。
　これに対して，①違法性阻却説は，自殺者の自己決定を尊重し，自殺を適法とする点で，前述のような疑問を招かずにすむのですが，そこから，適法

行為への関与の処罰根拠を導き出すにあたって，難しい問題に直面します。というのも，①違法性阻却事由説は，自殺者も，「本当は，できれば死にたくないはず」という点に着目し，それにもかかわらず，死の選択をすることが許されるのは，自殺者自身に限定され，これに関与することは，自殺者の選択を尊重する観点（パターナリズム）から許されないと説きます。しかし，この説明では，信仰上，「死後にこそ幸福がある」と確信している者などは，「できれば死にたくないはず」とは言えないため，パターナリズムの入り込む余地があるのかという疑問が浮かび上がってきます。

### (3) 偽装心中

これまでの説明で明らかなように，自殺は犯罪ではありませんが，自殺を手伝うと，202条の適用を受けることになります。したがって，「心中」のケースでは，自らの命を絶つことについては，二人とも無罪ですが，相手方の死については，202条の適用があります。心中に失敗して，片方が生き残った場合には，他方の死に対して，刑事責任を問われるのです。

問題は，その気がないのに，「心中」の振りをして，相手方に毒物を飲ませ，死亡させた場合，何罪が成立するかという点です。

判例は，偽装心中のケースでは，自らの命を絶つという自己決定の動機に錯誤があり，同意は無効であるとして，偽装心中には，殺人罪が適用されるとの判断を示しています（最判昭和33年11月21日刑集12巻15号3519頁）。

学説上も，判例の立場を支持する見解が通説ですが，自らの生命を絶つ自己決定そのものには錯誤がないので，同意は有効であるとして，同意殺人罪を適用すべきという見解も有力です。

## 2　同意殺人罪
### (1)　生命の自己処分権

個人の生命は，個人法益です。一般に，個人法益の罪については，持ち主にその法益を放棄する権限（処分権限）が認められています。その場合，刑法上，保護すべき法益が欠如することから，構成要件該当性や違法性が阻却されます。

このような考えからすれば，被害者が，生命を放棄することに同意（嘱

託・承諾）している場合，「殺人」行為についても違法性阻却が認められて良いはずです。それにもかかわらず，刑法202条は，被害者が，自らの生命に対する侵害に同意していても，なお「殺人」行為の違法性を認めているのです。刑法典が制定された明治時代であれば，「個人の命は，天皇から預かったもの，国のために捧げるべきものだから，たとえ本人でも放棄できない」という説明が可能でした（大判大正4年4月20日刑録21輯487頁）。しかし，個人の尊重こそ，最も重要と謳う今日の憲法の下で，この点は，どのように理解すればよいのでしょうか。

　学説上は，個人（個人の自己決定）の尊重は，生命の存在が前提になるから，個人を尊重するためには，本人ですら，生命を処分（放棄）する権限が制限されると説明されていますが，個人の意思を尊重するために，個人の意思を犠牲にするという考え方には，疑問も少なくありません。

### (2)　安楽死と尊厳死

　同意殺人罪の成否が問題となる場面として，安楽死と尊厳死があります。このうち安楽死とは，死期が迫り，肉体的な苦痛に苦しんでいる傷病者の嘱託に基づき，その苦痛から逃れさせるために，傷病者に安らかな死を迎えさせる措置を言います。鎮痛剤の効果がなくなってしまった末期ガンの患者のように，肉体的な苦痛を回避する方法が他に見あたらず，本人も望んでいるにもかかわらず，安らかな死をもたらすことをも刑法は禁じているとすれば，社会の秩序を守るという刑法に期待されている役割がかえって果たせなくなってしまいます。そこで，今日では，安楽死は，同意殺人罪の構成要件には該当するが，一定の要件の下，違法性が阻却されると解されています。

　これに対して，尊厳死とは，治療を尽くしても回復の見込みがない患者に対する治療や延命措置を中止し，人間としての尊厳を保たせつつ死を迎えさせる措置を言います。近年では，延命技術の進展によって，回復の可能性がない患者も，長期間にわたって生命を維持することが可能になりました。しかし，回復の見込みがない患者を，本人の意思に反して，延命させることも，社会的に妥当性をもった医療行為とは言えません。そこで，尊厳死についても，一定の要件の下で，違法性を阻却すべきと解されています。

　ただし，日本の刑事裁判では，実際に安楽死や尊厳死について，同意殺人

罪の成立を否定したケースは1つもありません。

## V　堕　胎　罪

　故意で人の生命を侵害する犯罪が，殺人罪であるのに対して，胎児の生命を危険にさらす犯罪が，堕胎罪です。

### 1　堕胎の意義と堕胎罪の保護法益
#### (1)　堕胎の意義

　堕胎とは，①母体内で胎児の生命を絶つことと②自然の分娩期に先だって，胎児を母体外に排出することを意味します（大判明治44年12月8日刑録17輯2183頁）。したがって，②の場合には，胎児を死産させた場合だけでなく，陣痛前に，胎児を母体外に排出した結果，胎児が生存していた場合にも堕胎罪が成立することになります。母体外に排出後，生存している「胎児」の生命を奪えば，殺人罪が成立します（最決昭和63年1月19日刑集42巻1号1頁）。

　江戸時代までの日本では，藩単位では，堕胎や「間引き」（出産直後の嬰児殺）を禁止・処罰する政策を採る例もありましたが（沢山〔2005〕37頁），堕胎を処罰する全国規模の法令は存在しませんでした。ところが，キリスト教の倫理観と「富国強兵・殖産興業」のための人口増加推進政策を背景に，1869（明治2）年に堕胎を禁じる最初の布告が出され，それ以後，今日に至るまで，形式的には，堕胎を禁止する姿勢が貫かれてきました。

#### (2)　堕胎罪の保護法益

　言うまでもなく，堕胎罪の保護法益は，胎児の生命です。しかし，2次的には，母親の生命・身体も含まれます。これは，同意堕胎致死罪（213条後段）や業務上堕胎致死罪（214条後段）が，堕胎の結果，母親が死亡した場合に，刑を加重する旨を定めていることから明らかです。

## 2　堕胎罪の種類

### (1) 自己堕胎罪と同意堕胎罪

堕胎のうち，妊婦自身が行うものを自己堕胎（212条），妊婦の同意（嘱託・承諾）のもと，第三者が行うものを同意堕胎（213条）と言います。前者の法定刑が，1年以下の懲役であるのに対して，後者が，2年以下の懲役とされているのは，妊婦の精神状態を考慮したものと解されます。

同意堕胎罪は，堕胎行為の結果，母親を死亡させた場合には，3月以上5年以下の懲役に処す旨も定められています。

### (2) 業務上堕胎罪

医師，助産師，薬剤師など，堕胎施術を行う可能性が高い職種の者が，同意堕胎を実施した場合には，業務上堕胎罪（214条）が成立し，3月以上5年以下の懲役に処せられます。また，その結果，母親を死亡させた者は，6月以上7年以下の懲役に処せられます。

### (3) 不同意堕胎罪

母親の同意なく，第三者が，堕胎を行うことは，不同意堕胎罪（215条1項）として，6月以上7年以下の懲役に処せられます。本罪は，未遂も処罰されます（同条2項）。

不同意堕胎の結果，母親に傷害を負わせ，または死亡させた者は，「傷害の罪と比較して，重い刑により処断」されます（216条）。これは，15年以下（1月以上15年以下）の懲役と定められている傷害罪の法定刑（204条）と3年以上（3年以上20年以下）の有期懲役と定められている傷害致死罪（205条）の法定刑を比べて，下限と上限のそれぞれについて，重い方が法定刑となることを意味します。

したがって，不同意堕胎致傷罪は，6月以上15年以下の懲役となり，不同意堕胎致死罪は，3年以上の有期懲役となります（図7参照）。

## 3　適法な人工妊娠中絶

このように現行刑法は，さまざまな堕胎罪の規定を設け，胎児の保護を図っています。しかし，現実には，堕胎罪は，ほとんど適用されていません。堕胎罪の認知件数は，1948（昭和23）年に639件を記録するなど，戦後の一定

図7　不同意堕胎致死傷罪の法定刑

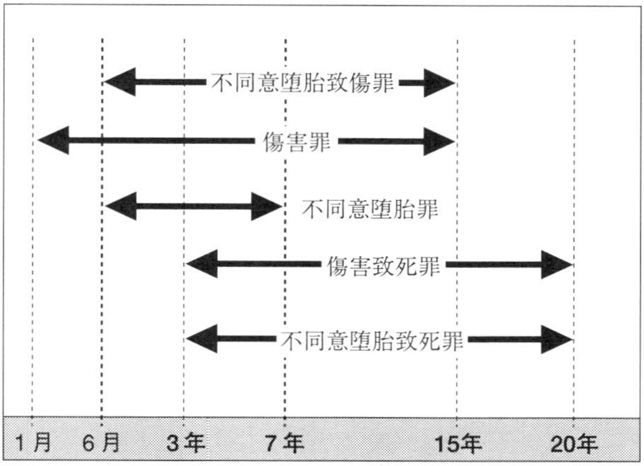

```
           不同意堕胎致傷罪
        傷害罪
        不同意堕胎罪
              傷害致死罪
           不同意堕胎致死罪
1月  6月  3年  7年      15年    20年
```

期間は，100件以上にのぼっていましたが，1953（昭和28）年に，二桁になった後は急速に減少し，1959年以降は毎年一桁で，0件の年も少なくないのが実情です。これは，母体保護法が，一定の要件のもとで，人工妊娠中絶を適法化していることに起因します。

母体保護法は，胎児が母体外において，生命を保続することのできない時期（受胎後22週未満〔平成2年3月20日厚生事務次官通知〕）に，①身体的理由または経済的理由により母体の健康を著しく害するおそれがあるか，②強姦等のために妊娠した場合に，本人および配偶者の同意を得て，指定医師によってなされた中絶を堕胎罪の違法性阻却事由として定めているのです。とくに，日本では，①の経済的理由が緩やかに運用されてきました。統計に現れているだけでも，年間の人工妊娠中絶数は，19万件を上回っています（1955〔昭和30〕年には，117万143件を数え，2003年でも31万9,000件以上の人工妊娠中絶が実施されていました）。こうした実状に加え，出産についての女性の自己決定権を尊重する必要性が認識されるようになったことをふまえて，堕胎を非犯罪化すべきとの主張もなされています。

## 第4講
# 人身犯罪（その2）
―― 身体に対する犯罪 ――

## I 刑法における身体の保護

　個人を尊重するためには，生命と並んで，人の身体の保護にも重要な意義が認められるべきでしょう。そこで，現行刑法は，故意に人に傷害を負わせることを傷害罪としているほか，過失によって傷害を負わせることを過失致傷罪としています。また，傷害の意図で行為に出たところ，相手を死亡させてしまった場合の結果的加重犯として傷害致死罪を，傷害を負わせる危険性のある行為を暴行罪として定めています。

　さらに，傷害罪は，ケンカや集団闘争の形態で行われる場合が少なくないことから，そうした場合に生じる問題に対処するための特別な規定も設けられています。

## II 傷害罪

### 1 傷害罪の意義
#### (1) 傷害の意義
　傷害とは，一般的には，「ケガ」をすること意味しますが，刑法上は，人の生理的機能に対して障害を加えること（生理的機能の障害）や人の身体の外形に対して重要な変更を加えること（外形の変更）を意味します。したがって，傷害が発生したかどうかの判断にとって，出血や創傷の有無はもちろん，身体的苦痛の有無も必須条件ではありません。

　このうち生理的機能の障害の具体例としては，①胸部の疼痛（最決昭和32年

4月23日刑集11巻4号1393頁），②精神興奮と筋肉激動による脳出血（大判大正14年12月23日刑集4巻780頁），③病毒の感染（最判昭和27年6月6日刑集6巻6号795頁），④PTSD（最判平成24年7月24日刑集66巻8号709頁）などがあげられます。これに対して，外形の変更としては，⑤キスマーク（東京高判昭和46年2月2日高刑集24巻1号75頁），⑥頭髪の切断（東京地判昭和38年3月23日判タ147号92頁）などがあげられます。

### (2) 傷害の方法

傷害を発生させる方法に，有形的な方法である暴行が含まれることはもちろんですが，それ以外にも，無形的方法があります。無形的方法の具体例としては，脅かしたり，怖がらせたりすることで，被害者の精神に障害を生じさせる，騙して落とし穴に誘導する，執拗ないたずら電話で精神を衰弱させるなどの行為が考えられます。

このうち有形的な方法（暴行）で傷害を発生させた場合，行為者に傷害の結果について認識が存在するときだけでなく，暴行についてしか認識がないとき（傷害の結果について認識していないとき）にも，傷害罪が成立すると解されています。つまり，暴行の故意で，傷害の結果を発生させたケースについて，暴行罪の結果的加重犯を処罰する明文規定がないことから，暴行罪と過失致傷罪が成立することにすると，結果の重大性に見合った刑を科すことができず，また，刑法208条が，「暴行を加えた者が人を傷害するに至らなかったとき」が，暴行罪である旨を定めている点の裏解釈としても，傷害罪には，暴行罪の結果的加重犯（暴行致傷罪）という犯罪類型も含まれていると考えられるわけです。これに対して，無形的な方法による傷害の場合，行為そのものが別個の犯罪を構成するわけでなく，結果的加重犯の基本犯が存在しないことから，傷害の結果についてまでの認識がなければ，傷害罪は成立しないことになります。

### (3) 傷害の程度

傷害罪の法定刑の下限は，50万円以下の罰金です。したがって，実際の運用では，かなり軽微な生理的機能の障害であっても，傷害罪の成立が認められています。しかし，こうした軽微な傷害までも刑法上の傷害に含むと，強盗の手段として暴行が用いられた場合のほとんどは，より法定刑の重い強盗

II 傷害罪　41

致傷罪になってしまいます。このため，傷害の概念を傷害罪の場合とその他の結果的加重犯の場合で，相対化すべきとの主張が，学説では有力でした。

この問題は，平成16年の刑法改正で，強盗致傷罪の法定刑の下限が，懲役7年から6年に引き下げられたことで，ほぼ解消されました。というのも，懲役7年であれば，酌量減軽しても，3年6月にしかならないため，執行猶予を付すことができなかったのに対して，6年であれば，酌量減軽で3年になるため，執行猶予を付すことができるからです。

## 2　傷害罪の実態
### (1)　認知件数の推移

傷害罪の認知件数は，戦後急速に増加し，1958（昭和33）年に7万3,985件とピークを迎えました。その後，1994（平成6）年までの間は，長期的な減少傾向を示していました。ところが，1995（平成7）年以降，増加に転じ，とりわけ2000（平成12）年には，前年比で，約1万件の増加を示し，その後も2年間，約3,000件ずつ増加しました。2002（平成14）年からの3年間は，3万6,000件前後で推移した後，再び減少に転じ，2012（平成24）年にはピー

図8　傷害罪の認知件数の推移

クの2003（平成15）年の3万5,937件よりも8,000件近く少ない2万7,962件でした（図8参照）。

### (2) 傷害罪の質的特徴

傷害罪には，いくつかの質的特徴があります。たとえば，傷害罪には，加害者と被害者に面識があるケースが少なくありません。検挙人員中の面識率は，最近でも50％前後で推移しています。なかでも，親族間での犯行の比率は，殺人・放火に次いで高く，1999（平成11）年以降は，10％を上回っており，2012年も，18.0％にのぼりました。犯行場所は，屋外の比率が高く，2012年には全体の45.5％を占めています。これに対して，住宅内での犯行は，15％前後で推移していましたが，最近は増加傾向がみられます。2012年は24.9％でした。これらの数値は，第13講で扱うDVや児童虐待事案の顕在化と関連しているものと思われます。

犯行にあたって，凶器を使用する比率は，長期的には減少傾向にあります。1980年代後半には，20％以上であった凶器使用率は，2000年には，10％程度にまで低下しました。2012年の凶器使用率は，4.0％でした。最も多く用いられる凶器は包丁類・刃物である点は長年同じです。

### (3) 傷害罪の行為者の特徴

傷害罪は，少年によって実行される比率が高いという特徴が指摘されています。ただし，検挙人員中に少年の占める比率は，最近では，減少傾向にあります。1990年代後半には，40％を超えていた少年率は，2000年から低下し始め，2005（平成17）年以降は，25％を割り込んでいます。2012年は20.0％でした。少年の中でも，年少少年の犯行が多いという状態は，1980（昭和55）年以降一貫した特徴として今日まで続いています。これに対して，最近では，高齢者によって実行される比率が高まっています。1999年には，3％台だった検挙人員中に60歳以上の高齢者が占める比率は，2012年には，11.5％まで上昇しています（図9参照）。

## 3 ケンカと傷害罪

### (1) 現場助勢罪

刑法206条には，傷害の「現場において勢いを助けた者」を1年以下の懲

図9 過去14年の傷害罪の検挙人員における少年比と高齢者比

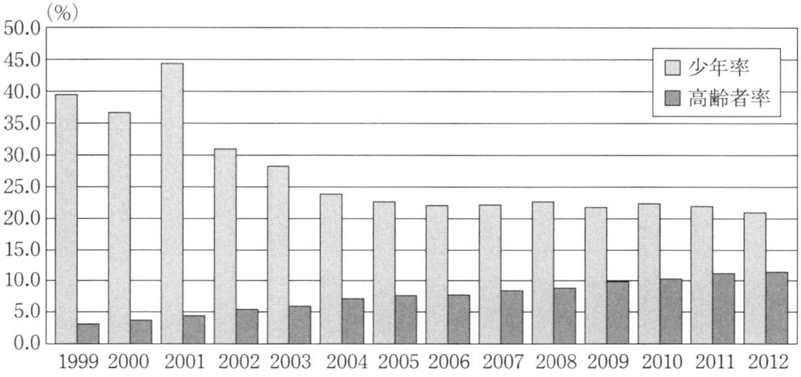

役または10万円以下の罰金・科料に処す旨が定められています。ケンカは，しばしば周囲が煽ることによってエスカレートしていくことから，ケンカそのものだけでなく，周囲の者による扇動も犯罪として取り締まる趣旨で定められているのです。

ただし，この現場助勢罪の法定刑は，傷害罪を幇助した従犯よりも低く定められています。そこで，この点をいかに理解するかが問題になります。

学説上は，現場助勢行為を個別の犯罪として規定したもので，現場での精神的幇助については，従犯が成立しないとの見解もあります。しかし，判例および通説は，206条は，幇助とは別の扇動行為を犯罪として規定したもので，ケンカの一方に対する精神的幇助は，従犯が成立すると解しています（大判昭和2年3月28日刑集6巻118頁）。

### (2) 同時傷害の特例

傷害罪は，複数によって実行される割合が比較的高い犯罪と理解されています。傷害を共犯で実行すると，そのうちのいずれかが傷害を負わせたことによって，共犯者全員がその責任を問われます。しかし，同時犯の場合は，いずれが負わせた傷害かが不明の場合，「疑わしきは被告人の利益に（in dubio pro reo）」の原則に従い，全員が傷害の責任を負わないという結論が導かれることになります。こうした不当な帰結を回避するため，刑法は，207

条に，同時傷害の特例を設けました。

　本条の規定によって，因果関係の挙証責任の転嫁が図られ，同時犯についても，当該傷害が自らの暴行によるものでないことを反証しない限り，共犯と同様に，全員が「一部実行全部責任」を問われることになります。

## III　暴　行　罪

### 1　暴行の意義
#### (1)　暴行の相対性

　暴行罪における「暴行」とは，人の身体に向けられた有形力（物理力）の行使を指します。ただし，暴行は，暴行罪以外の犯罪の手段としても用いられることがあり，その場合には，ここでの定義と同一でないことがあります。たとえば，内乱罪（77条）や騒乱罪（106条）は，あらゆる有形力の行使を含むと解されているのに対して，公務執行妨害罪（95条1項）は，人に向けられた有形力の行使を，強制わいせつ罪（176条）や強盗罪（236条）は，相手の犯行を抑圧する程度の有形力の行使を意味しています（図10参照）。

#### (2)　暴行の具体的態様

　暴行の態様としては，傷害の結果を生じさせる危険性のある行為とそうした危険のない行為があり得ます。前者の具体例としては，①抱きついて口をふさぐ（名古屋高判金沢支判昭和30年3月8日高刑特2巻5号119頁），②石を投げる（東京高判昭和25年6月10日高刑集3巻2号222頁），③狭い部屋で日本刀を振り回す（最決昭和39年1月28日刑集18巻1号31頁），④拡声器を使って耳元で大声で叫ぶ（大阪地判昭和42年5月13日下刑集9巻5号681頁）などがあげられます。

　これに対して，後者の例としては，⑤食塩を振りかける（福岡高判昭和46年10月11日月報3巻10号1311頁）行為が実際の裁判で暴行に当たると判断されました。

図10　暴行の概念の多様性

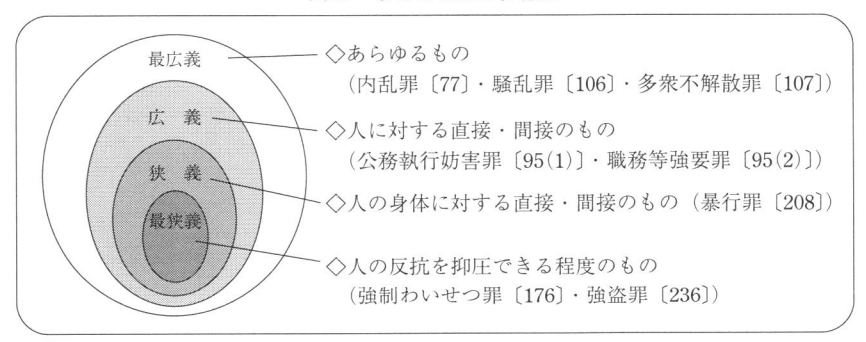

- 最広義 ── ◇あらゆるもの
  （内乱罪〔77〕・騒乱罪〔106〕・多衆不解散罪〔107〕）
- 広　義 ── ◇人に対する直接・間接のもの
  （公務執行妨害罪〔95(1)〕・職務等強要罪〔95(2)〕）
- 狭　義 ── ◇人の身体に対する直接・間接のもの（暴行罪〔208〕）
- 最狭義 ── ◇人の反抗を抑圧できる程度のもの
  （強制わいせつ罪〔176〕・強盗罪〔236〕）

## 2　暴行罪の実態

### (1)　暴行罪の量的推移

　前述した傷害罪と同様，暴行罪も，1940年代後半に急増しました。しかし，1959（昭和24）年に4万6,484件に達した後，1960年代半ばまで，増減を繰り返しながらも，4万件台の高い水準で推移した点は，1960年代の初めから減少に転じた傷害罪と異なります。1960年代後半からは，長期的な減少傾向が続き，1980年代末からは，1万件台で推移していました。ところが，2000（平成12）年に前年比で5,000件以上の増加を示してから，毎年2,000件から3,000件ずつ増加し，2006（平成18）年から2012（平成24）年までは，毎年2万9,000件台から3万1,000件台の間で推移しています（図11参照）。2012年は，3万1,802件でした。

### (2)　暴行罪の質的特徴

　暴行罪の質的特徴のうちのいくつかは，傷害罪とも異なっており，注目に値します。従来，暴行罪は，面識のある者に対して行われる比率が，比較的高い犯罪でした。1980年代半ばには，検挙人員中40％以上が，加害者と被害者の間に面識がある中で起こっていました。ところが，その後，この比率は低下傾向を示しています。1999（平成11）年には，35％を下回るところにまで低下しました。他方で，加害者と被害者が親族である比率は，上昇傾向にあります。長い間5％前後で推移していた親族率は，2001（平成13）年には，10％を超えました。こうした親族率の上昇は，児童虐待やドメスティック・

46　第4講　人身犯罪（その2）

**図11　暴行罪の認知件数の推移**

（件）

1959年（46,484件）
2012年（31,802件）
2000年（13,252件）

バイオレンスなど，今まで表面化していなかった家庭内での暴力の問題が，明らかになってきたことと無関係ではないでしょう（第13講を参照）。

　暴行が実行される場所は，古くから屋外の比率が高く，その比率は今日まで長期的な増加傾向にあり，2012年には，51.8％に達しています。これに対して，住宅内での犯行の割合も15％前後で推移しています。2012年は，20.0％でした。

　暴行罪の凶器使用率は，減少傾向にあります。近年は，1993（平成5）年までは8～10％であった凶器使用率は，その後5％前後にまで低下しています。2012年は4.1％でした。使用されている凶器には，刃物が一番多く，ついで鉄棒・こん棒類が多いという点は，傷害罪と同様です。

(3)　行為者の特徴

　かつて，暴行罪は，少年によって行われる比率が高い犯罪でした。なかでも，年少少年の比率が高い点も，傷害罪と同じでした。少年による暴行罪の検挙人員数は，1981（昭和56）年には8,918人にのぼり，少年比は41.8％に達

しました。しかし，その後，暴行罪での少年の検挙人員は，長期にわたって減少し続け，1999年には，1,652人になり，少年比も30％にまで低下しました。2000年以降も，暴行罪での少年の検挙人員は，1,600人から2000人の間で推移しているのに対して，成人を含んだ暴行罪の検挙人員総数は増加したため，少年比はますます低下しています。2012年は，1,496件で，少年の比率は6.3％でした。

## IV 胎児性傷害

### 1 胎児性傷害の意義と問題点

前講で述べたように，母体内の胎児の生命を奪ったり，自然の分娩期に先だって，胎児を母体外に排出したりすれば，堕胎罪が成立します。では，胎児が母体内にいる時点で，胎児に危害を加え，その結果，生まれてきた「人」に傷害が認められるときは，何罪が成立するでしょう。

これまでの説明を前提にすると，自然の分娩期に出生している限り，不同意堕胎罪は成立せず，有害な作用を及ぼしている時点では，「人」は存在していないため，傷害罪も成立しないということになり，加害者は無罪になってしまいそうですが，はたして，それで良いのでしょうか。これが，胎児性傷害の問題です。

### 2 胎児性傷害の検討
#### (1) 学説と判例

胎児性傷害の問題は，ドイツでは，サリドマイド事件をめぐって議論され，日本では，水俣病事件を契機に，活発な議論が展開されました。

学説上は，実行行為の段階で「人」が存在しなくとも，「人」に結果が発生していれば，傷害罪は成立するという見解（作用不問説）や作用が出生段階まで継続的に及んでいる場合には，「人」に対する傷害罪が認められるとする見解（作用必要説）などが，唱えられました。しかし，これらの見解は，胎児への傷害を不可罰とする現行法の建前と矛盾するとの批判を浴びました。

これに対して，最決昭和63年2月29日は，「現行刑法上，胎児は，堕胎の罪において独立の行為客体として特別に規定されている場合を除き，母体の一部を構成するものと取り扱われていると解されるから，業務上過失致死罪の成否を論ずるに当たっては，胎児に病変を発生させることは，人である母体の一部に対するものとして，人に病変を発生させることにほかならない。そして，胎児が出生し人となった後，右病変に起因して死亡するに至った場合は，結局，人に病変を発生させて人に死の結果をもたらしたことに帰するから，病変の発生時において客体が人であることを要するとの立場を採ると否とにかかわらず，同罪が成立するものと解するのが相当である」（刑集42巻2号314頁）として，実行行為は，胎児を育む母体（＝人）に対して加えられ，結果は，胎児が出生した「人」に発生しているとの見解を示しました。

### (2) 胎児性傷害の今日的な意義

今日の学説においては，胎児性傷害無罪説が圧倒的に支持されています。しかし，実際には，その後も，胎児性傷害について，有罪判決が言い渡されています。たとえば，妊娠している母親が乗車していた車両が交通事故に遭い，胎児が傷害を負い，出生後も障害が残ったり，出生後に，死亡したという事案について，事故の加害者に，業務上過失致傷罪や業務上過失致死罪が適用されているのです。こうした事実をふまえれば，胎児性傷害の問題は，過去の例外的な現象ではなく，今日的な重要課題であるということをしっかりと認識し，妥当な解決策を探求する必要があるでしょう（木村〔2003①〕74頁）。

IV 胎児性傷害

胎児性傷害の交通事故への適用を報じる記事

## 胎児への傷害認める
### 居眠り運転、有罪判決
### 鹿児島地裁

居眠り運転による事故で、対向車の妊婦と、当時胎児で直後に生まれた女児に傷害を負わせたとして、業務上過失傷害罪に問われた鹿児島市内の無職男性（27）に対する判決公判が、鹿児島地裁で2日、あった。大原英雄裁判官は、女児への傷害も認め、禁固2年執行猶予4年（求刑禁固2年）の判決を言い渡した。鹿児島地検によると、交通事故で胎児への同罪が認められたのは全国初という。

判決などによると、男性は02年1月、鹿児島県姶良郡内で居眠り運転をし、妊娠7カ月だった20代女性運転の軽乗用車に衝突、女性に胎盤剥離などのけがを負わせた。事故後に帝王切開で生まれた女児は、脳室内出血を起こし、水頭症などの障害を負った。後遺症が残っているという。

最高裁は88年の水俣病裁判で「胎児に病変を発生させ、出生後に死亡した場合は、発生時に人か否かにかかわらず、業務上過失致死罪が成立する」という初判断を下している。

朝日新聞2003年9月3日夕刊

## 第5講
# 交通犯罪

## I　交通犯罪の意義

　日本で一番たくさん発生している犯罪，それは，殺人や傷害でもなければ，窃盗でもありません。自動車運転過失致死傷罪なのです。自動車運転過失致死傷罪は，かつては「交通関係業過」と呼ばれていたもので，自動車の運転中に発生した業務上過失致死傷罪を意味しました。2001（平成13）年以前には，交通事故において，多くの加害者は，業務上過失致死傷罪（交通関係業過）で処断されていました。

　しかし，当時の業務上過失致死傷罪の法定刑の上限は，5年の懲役・禁錮で，しかも，よほど悪質な場合にしか最長の実刑を言い渡されることはありませんでした。それどころか，自らの不注意によって被害者の生命を奪ったのにもかかわらず，不起訴になったり，執行猶予がつけられる加害者も少なくなかったのです。

　1990年代後半から，いくつかの痛ましい交通事故を契機に，こうした「ソフト」な交通犯罪対策への批判が高まりました。そして，こうした批判が，2000年代に実施された危険運転致死傷罪（208条の2）の新設，道路交通法の罰則強化および自動車運転死傷行為処罰法の成立の原動力となったのです。

　いろいろな意味で，交通犯罪ほど，私たちにとって身近な犯罪はありません。それにもかかわらず，その実態や問題点についての理解は必ずしも十分ではありません。本講では，こうした身近なのに，理解されていない犯罪である交通犯罪について，さまざまな角度からアプローチしてみたいと思います。

## II　交通犯罪の実態

### 1　交通事故の動向
#### (1)　交通事故の意義と背景

　交通事故とは，広義には，航空交通，海上交通，陸上交通などあらゆる態様の交通にともない発生した事故を指し，狭義には，陸上交通のうち，道路交通にともなう事故を意味します。交通「事故」の中には，加害者の故意・過失によるケースだけでなく，誰の法的責任も問えないケースも含まれます。

　日本のモータリゼーションの波は止まるところを知りません。今日では，16歳以上人口の約8割が運転免許を保有し，2012（平成24）年末現在の自動車保有台数も約8,000万台以上で，40年前と比べると，運転免許保有率で2.76倍，自動車保有台数で3.7倍の増加を記録しています。

　モータリゼーション社会の進展は，移動や輸送の効率化というプラス面だけでなく，渋滞，排気ガス公害などマイナスの作用ももたらしています。なかでも交通事故発生件数の増加は深刻です。

#### (2)　交通事故の発生件数

　交通事故の発生件数は，1970（昭和45）年前後に70万件を超えて社会問題化した後，一度は急速に減少しましたが，1980（昭和55）年頃から再び増加に転じ，その後，長年にわたって，ほぼ毎年過去最高を更新していました。しかし，2004（平成16）年に，95万2,191件を記録したのを最後に（図12参照），最近の10年間は，減少傾向にあり，2013年には，62万9,021件（前年比3万6,117件減）でした。

#### (3)　交通事故の負傷者・死亡者

　交通事故の負傷者数も，発生件数と似た推移を見せており，1970年前後に第1次のピークを迎えた後，急速に減少しましたが，1980年代以降，再び増加に転じ，2004年まで毎年過去最高（118万3,120人）を更新した後，減少に転じています。2012年には，交通事故による負傷者は，78万867人で，前年比4万3,902人減を示しています。これに対して，交通事故による死亡者数は，1970年に1万6,765人，1992（平成4）年に1万1,451人という2度のピーク

図12 交通事故発生件数の推移発生件数

（件）
1969年（720,880件）
2004年（952,191件）
1977年（476,677件）
2013年（629,021件）

を迎えた後，減少に転じており，2012年は，前年比252人減の4,411人でした（図13参照）。

ただし，死亡者の減少については慎重な評価が必要です。というのも，交通事故による死亡者とは，交通事故の発生から24時間以内に死亡した者を言うため，延命医療の発達によって被害者が24時間以上生存するケースが増加しただけで，本当の意味での被害者の減少を意味しないとの評価も可能だからです。そこで，1993（平成5）年以降集計されている交通事故発生後30日以内に死亡した者の数を比較してみると，1993年は1万3,269人であったのに対して，2012年は5,237人となっており，24時間以内の死亡者と同様の減少傾向を見て取ることができます。やはり，死亡事故について，ある程度は減少傾向が見られると評価することができるでしょう（井田〔2005〕410頁）。

交通事故件数そのものは増加していることからして，交通事故による死亡者数の減少は，エアーバックやABS装着車の増加など構造面での安全性の向上，チャイルド・シートやシートベルト着用率の向上を始めとした安全性に関わる意識面の向上などによるところが大きいと思われます。つまり，車

図13 交通事故死亡者数の推移

1970年（16,765件）
1992年（11,451件）
1979年（8,466件）
2012年（4,411件）

両に乗車していた者の死亡率の低下が主な要因なのです。

2012年の年齢層別の交通事故による負傷者数をみると，30歳から39歳までが15万4,750人，40歳から49歳までが13万9,035人と多くなっていて，両者で全体の35.6％にのぼります。これに対して，死亡者数は，16歳から24歳まで以上に，65歳以上の高齢者の割合が高く，2,264人で，交通事故による死亡者の51.3％を占めていました。死亡者の状態についてみると，若年層では，自動車，自動二輪車，原動機付自転車の運転中・同乗中に事故にあった割合が高く，高齢者では，歩行中や自転車乗車中に事故にあった割合が高くなっています。

## 2　交通犯罪の状況

交通事故と同様に，交通犯罪は，広義では，あらゆる態様の交通に関わる犯罪を指し，狭義には，道路交通にともなう犯罪を意味します。狭義の交通犯罪は，①過失運転致死傷罪（交通関係業過・自動車運転過失致死傷罪），②危険運転致死傷罪，③道路交通法違反の罪の3種類に分けることができます。

## (1) 自動車運転過失致死傷罪（交通関係業過）と危険運転致死傷罪

交通犯罪の動向を把握するため，まず自動車運転過失致死傷罪（交通関係業過）の認知件数の推移をみると（図14参照），交通関係業過について独立して認知件数を数え始めた1966（昭和41）年には，30万件弱でしたが，その後急激に増加し，1970（昭和45）年に65万2,614件まで達しました。その後，交通取締りの強化などの効果で減少に転じ，1975（昭和50）年には43万9,448件に減少しました。しかし，翌年からは，再びなだらかな増加に転じ，2004（平成16）年には，86万4,569件を記録しました。しかし，その後は減少に転じ，2012（平成24）年には，63万2,857件で，8年前より約23万件以上減りました。

また，2000（平成12）年頃から，自動車運転過失致死傷罪（交通関係業過）の中では，これにともなう事故不申告（ひき逃げ）の発生件数が急増し，注目を集めました。2000年に，1万4,050件と，5年前の7,036件からほぼ倍増したひき逃げの発生件数は，5年にわたって増え続け，2004（平成16）年には1万9,960件を記録しました。その後，自動車運転過失致死傷罪の認知件数の減少に対応する形で，ひき逃げの発生件数も減少に転じましたが，2012年

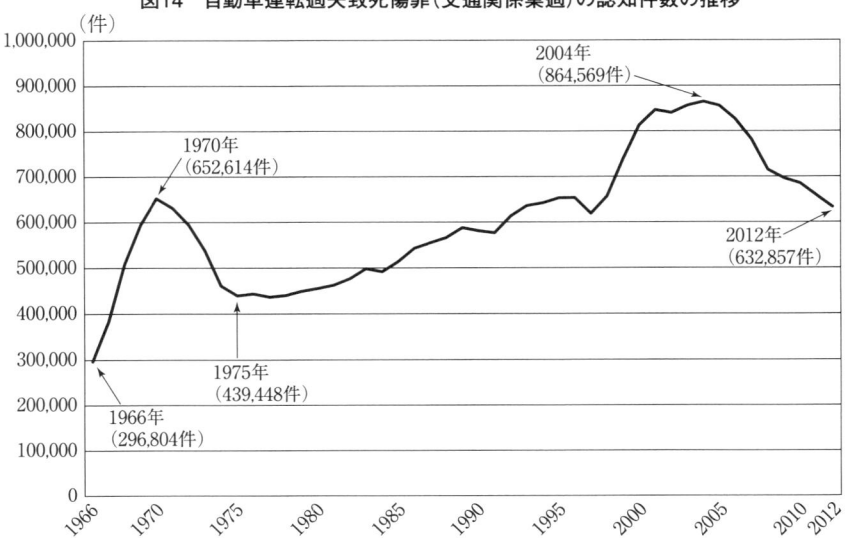

図14　自動車運転過失致死傷罪（交通関係業過）の認知件数の推移

には，なお1万198件を記録しています。このため，2003（平成15）年には30％を割っていたひき逃げ事件の検挙率は，今でも50％に満たない状況にあります。

　他方，2001（平成13）年に新設された危険運転致死傷罪の認知件数は，毎年200件台から400件台の間で推移し，2012年が369件でした（図15参照）。同罪で公判請求された事案の危険運転の態様では，赤信号無視が最も多く，過半数近く（49.3％）を占めていました。続いて飲酒運転（44.6％），高速度運転（5.2％）が続いています（図16参照）。

図15　危険運転致死傷罪の認知件数の推移

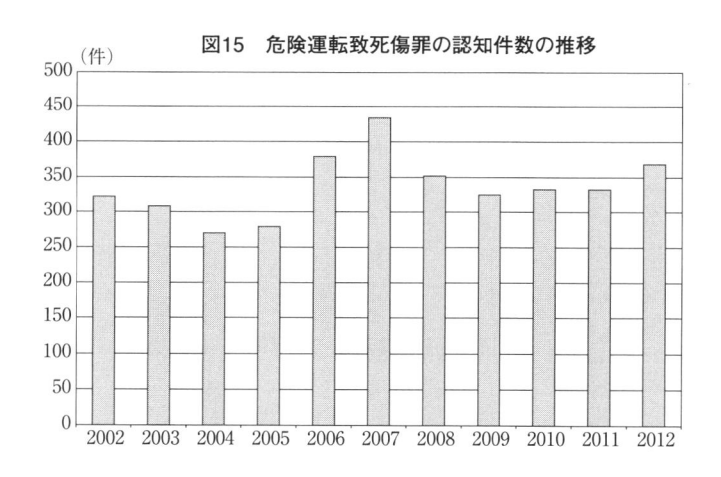

図16　危険運転致死傷罪による公判請求事件の態様別構成比（2012年）

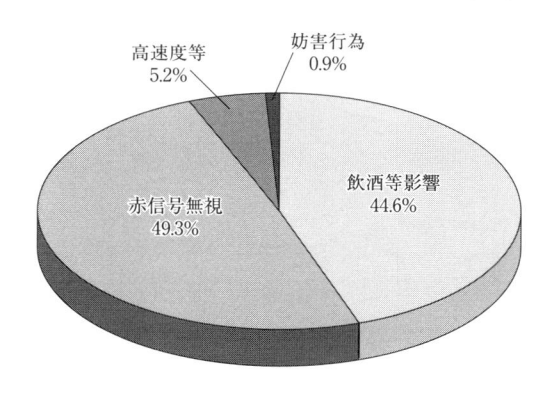

II 交通犯罪の実態　57

## (2) 道路交通法違反の動向

道路交通法（道交法）違反の検察庁新規受理人員は，モータリゼーションの進展とともに急速に増加し，1965（昭和40）年には，496万5,062件に達しました。しかし，1968（昭和43）年に後述する交通反則通告制度が導入されたことから，同年には約175万人（前年比38.2％），翌年には，約138万人減少しました。その後は，140万人台から246万人台の間で増減を繰り返していましたが，1987（昭和62）年に，交通反則通告制度の適用範囲の拡大を内容とする道交法の改正が実施されたため，それ以後は，毎年100万人前後で推移するまでに減少しました。加えて，2001年に実施された道交法違反の罰則強化も影響し，受理件数は2002（平成14）年には約88万人，2003（平成15）年には約81万人，2004（平成16）年には約78万人と急速に減少し，2012年は，39万6,000件まで減少しました（図17参照）。

2012年に取り締まられた道交法違反のうち交通反則通告制度に基づき，反則事件として告知されたものは，740万8,134件で，全取締り件数の94.8％でした。告知件数は1984年以降減少傾向にあります。告知事件の違反態様別では，速度超過が205万2,053件（告知件数中の27.7％）と最も多く，次いで携帯

**図17　道路交通法違反送致件数の推移**

（件）縦軸：0〜6,000,000

- 1965年（4,965,062件）
- 1968年「交通反則制度」導入（2,823,163件）
- 1987年 道交法改正
- 2012年（396,000件）

横軸：1945〜2012

電話使用等の125万9,382件（告知件数中の17.0%），一時停止違反120万117件（告知件数中の16.2%）の順でした。

また，道路交通法違反の送致件数および検察庁新規受理人員数は，交通反則制度の適用範囲が拡大された1987年以降，減少傾向がみられ，1994（平成6）年以降は100万件前後で推移していましたが，近年は再び減少傾向にあり，2012年は，40万8,306件にまで減少しました。2012年の道路交通法違反の送致件数を違反態様別にみると，速度超過が16万7,813件（41.1%）で最も多く，酒気帯びの3万2,256件（7.9%），無免許の2万8,581件（7.0%）などが，これに次いでいました。

## III 交通犯罪対策の推移

交通犯罪対策は，道路や信号・標識などの設備の整備，維持，管理だけでなく，交通安全教育や啓蒙活動の徹底など多岐にわたります。その中で，これまでの交通犯罪対策における刑事政策上のポイントは，その「大量性」への対応にありました。すなわち，交通犯罪の大量性ゆえに法的処理の簡易迅速化が要求される一方で，「1億総前科者化」を回避するために，何らかの手だてを講じる必要性があったのです。そこで，軽微な交通犯罪の寛刑化・非犯罪化のための施策が実施されてきました。

### 1 寛刑化・非犯罪化
### (1) 交通切符制度

まず，1963（昭和38）年には，急増していた道路交通法違反の迅速処理を図るため，「道路交通法違反事件迅速処理のための共用書式（交通切符）」を用いた交通切符制度が導入されました。交通切符は，告知票，免許証保管証，交通事件原票，徴収金原票，取締り原票，交通法令違反事件簿などから構成され，検察や裁判所において共用できる複写式の書類で，これを用いることによって警察官の書類作成にかかる負担を軽減し，略式手続や交通事件即決裁判手続を迅速に処理することが目指されました。しかし，道路交通法

違反事件はなおも増加し続けて，1967（昭和42）年には472万件に達したため，この制度でも，問題の抜本的解決には結びつきませんでした。
### (2) 交通反則通告制度
　交通事犯の処理を刑事手続において行う以上，人権保障の軽視につながりかねない処理手続の簡易化には限界があることは当然といえるでしょう。また，道路交通法違反者が，違反の軽重にかかわらずすべて刑罰を科されることは，かえって刑罰の感銘力を低下させるのではないかとの疑問も強まっていきました。そこで，1967年の道路交通法改正において，同法違反のうち，悪質性に乏しく，危険性の低い軽微なもので，現認，明白，定型的な行為を反則行為とし，この反則行為につき警察本部長の通告に従い反則者が反則金を期日内に納付した場合には，公訴を提起しない制度（交通反則通告制度）が導入されたのです。

### (3) 交通関係業過の起訴の見直し
　交通犯罪の非犯罪化・非刑罰化の流れは，1987（昭和62）年以降の検察庁による交通関係業過事件の処理方針の見直しにおいてもみることができます。この頃，検察庁では，交通関係業過事件の起訴のあり方について見直しがなされ，1987年の起訴人員が前年比の29.1％（1986〔昭和61〕年が37万2,964人，1987年が10万2,655人）にまで減少しました。その結果，1986年に72.8％であった交通関係業過事件の起訴率は，1987年には，54.1％となり，以後，急激に低下し，2000（平成12）年には11.5％となりました。

　検察庁によってこうした急激な方針転換が図られた背景として，『平成5年版犯罪白書』では，次の4点が指摘されています（法務省法務総合研究所〔1993〕249頁）。
　①「国民皆免許時代」，「くるま社会」の今日，軽微な事件について国民の多数が刑事罰の対象となるような事態になることは，刑罰のあり方として適当でない。
　②保険制度が普及し，治療費や修繕費に対する保険による補償が充実してきたことにともない，加害者が起訴されなくても，被害者が納得することが多い。
　③交通事故の防止は，刑罰のみに頼るべきものではなく，行政上の規制・

制裁をはじめ、各種の総合的な対策を講ずることによって達成されるべきものである。
④この種の事件を起訴するとはいっても、従来から、その多くは略式手続によって処理され、少額の罰金が科されていたわけであるが、このように少額の罰金を科すのは、罰金の刑罰としての感銘力を低下させ、刑事司法全体を軽視する風潮を醸成することになる。

また、この他にも、慢性的に過剰な事件処理のノルマを課されていた検察官の負担減を図る目的もあったものと思われます。

## 2 厳罰化

他方、日本の交通犯罪対策も、非犯罪化・非刑罰化に終始してきたわけではありません。とくに、悪質な交通犯罪への厳格な対応を図るため、幾度かの刑罰強化が図られてきました。

### (1) 業過の法定刑引上げ

そうした動きの1つとして、1968（昭和43）年の刑法211条の法定刑引上げを指摘することができます。そこでは、それまで「3年以下の禁錮または5万円以下の罰金」であったものが、「5年以下の懲役もしくは禁錮または50万円以下の罰金」に改められ、翌年の1969（昭和44）年から施行されました。

こうした改正が実施された背景としては、業過事件の中に、少し注意を払えば、結果を回避できたと考えられる事案や未必の故意と紙一重の事案があり、こうした事案への刑罰として、従来の「3年以下の禁錮または5万円以下の罰金」は軽すぎるという社会的認識が広がっていった点を指摘することができます。

一時的ですが、法定刑の引上げによる一般予防効果は、ある程度高まったといえるでしょう。刑法改正後、業過事件の検察庁における新規受理人員は、1970（昭和45）年をピークに減少に転じ、この傾向は1977（昭和52）年まで続きました（その後は、今日まで増加傾向にあります）。

### (2) 危険運転致死傷罪の新設

1968年に刑法211条の法定刑は引き上げられたものの、全体としては、寛刑化・非犯罪化に重点がおかれていた日本の交通犯罪対策に、2001（平成13

危険運転致死傷罪の新設を伝える記事

読売新聞2001年11月28日夕刊

年に転機が訪れました。刑法が一部改正され，208条の2として，「危険運転致死傷罪」が新設されたのです。危険運転致死傷罪は，酒酔い運転や著しい速度オーバーなど，悪質・危険運転によって，人を死傷させた者に対して，業過よりも厳しい刑罰を科すことが可能になるように設けられた犯罪です。

危険運転致死傷罪が新設された背景としては，次の3点が指摘できます。①悪質・危険な交通犯罪の具体的な事件に対する社会的な関心の高まり。②悪質・危険な交通犯罪の被害者運動の活発化。③司法による法改正の要請。このうち，①については，1997（平成9）年に東京都世田谷区で起こったトラックによる児童ひき逃げ事件や1999（平成11）年の東名高速道路での大型トラック飲酒運転追突事件が，その具体例です。②については，1991（平成3）年に交通事故遺族の会が発足し，相互扶助活動にとどまらず，交通犯罪への厳正な法的制裁を求めるための活動を展開し，次第に社会の関心を集め

るようになっていきました。また，遺族が，早急な法整備を求めて集め，法務省に提出した署名は，合計で37万人分を超えました。③については，東名高速道路での追突事件の控訴審判決である東京高判平成13年１月12日（判時1738号37頁）が，「飲酒運転等により死傷事故を起こした場合に関する特別類型の犯罪構成要件の新設，関連規定の法定刑の引き上げ等の立法的な手当をもってするのが本来のあり方」と言及し，現行の業務上過失致死罪の法定刑を前提にしている限り，社会的に妥当性をもった判決を下すことができないとの立場を明らかにしました。

　こうした点を背景に，危険運転致死傷罪を新設するための刑法改正の法案が，2001（平成13）年10月第153回通常国会に提出され，同年11月28日に成立し，同年12月25日から施行されました。

### (3)　道路交通法違反の法定刑引上げ

　2001年には，危険運転致死傷罪が新設されたのと同様の理由から，道交法違反の罪の法定刑も大幅に引き上げられました。これまでにも，1970年に，酒酔い運転の罪の法定刑の上限が，懲役１年から２年に引き上げられ，1978（昭和53）年には，暴走族対策として，共同危険行為が規定されるなどの部分的改正は実施されてきましたが，2001年の改正は，抑止効果を狙った包括的なものでした。これらの改正によって，結果的には，危険運転致死傷罪では処罰の対象とされなかった危険運転行為そのものの処罰の強化が図られたことになります（井田〔2005〕410頁）。また，2004（平成16）年にも，運転中の携帯電話の使用や酒気帯び検査拒否に対する罰則が強化され，2007（平成19）年にも，飲酒運転や救護義務違反に対する罰則が強化され，道路交通法違反の罰則はますます厳格化されています。

### (4)　自動車運転過失致死傷罪

　さらに，2007年には，業務上過失致死罪から自動車運転の場合だけを独立させ，７年以下の懲役・禁錮または100万円以下の罰金に処する旨を定めた自動車運転過失致死傷罪が新設され（211条２項），交通犯罪への罰則の強化が，過失犯についても図られました。

### (5)　自動車運転死傷行為処罰法

　さらに，2013（平成25）年には，３年前に，栃木県鹿沼市で，発作を伴う

てんかんの症状を隠して運転免許を不正に取得した男性が，クレーン車を運転中に発作を起こして小学生の列に突っ込み，6人を死亡させた事件や，前年に京都府福知山市で起こった無免許居眠り運転の少年の自動車が，集団登校中の小学生の列に突っ込み，10名の児童らが死傷した事件などをきっかけに，従来の危険運転致死傷罪では，悪質な自動車運転行為の実態に即した規制ができないとして，その適用範囲の拡大を求める世論が高まり，「自動車の運転により人を死傷させる行為等の処罰に関する法律」(自動車運転死傷行為処罰法) が新たに制定されました。同法の内容は以下の6点です。①刑法の危険運転致死傷罪を移す (第2条第1号〜第5号)，②危険運転致死傷罪に刑の重さが同じ罪として新しい類型を追加する (第2条第6号)，③①と②よりは刑が軽い，新たな危険運転致死傷罪を設ける (第3条)，④「逃げ得」を許さないため，罰則を設ける (第4条)，⑤刑法の自動車運転過失致死傷罪を移す (第5条)，⑥無免許運転で死傷事犯を起こした際に刑を重くする罰則を設ける (第6条)。同法の制定によって，刑法からは，危険運転致死傷罪も，自動車運転過失致死罪も除かれました。

## Ⅳ 危険運転致死傷罪

### 1 危険運転致死傷罪の概要
#### (1) 危険運転致死傷罪の枠組み

2001 (平成13) 年に刑法208条の2として新設された危険運転致死傷罪は，次の4つの行為のいずれかによって人を負傷させた者を15年以下の懲役，死亡させた者を1年以上の有期懲役に処す旨を定めました。

①アルコールまたは薬物の影響により正常な運転が困難な状態で自動車を走行させること。

②進行を制御することが困難な高速度で，または進行を制御する技能を有しないで自動車を走行させること (208条の2第1項)。

③人または車の通行を妨害する目的で，走行中の自動車の直前に侵入し，その他通行中の人または車に著しく接近し，かつ重大な交通の危険を生

じさせる速度で自動車を運転すること。
④赤色信号またはこれに相当する信号を殊更に無視し，かつ重大な交通の危険を生じさせる速度で自動車を運転すること（208条の2第2項）。

また，2013（平成25）年の自動車運転死傷行為処罰法の制定時に，次の行為が危険運転として新たに追加されました。

⑤ 通行禁止道路を重大な交通の危険を生じさせる速度で進行すること。

このうち，①・②は，運転者の意思によって自らが運転する自動車を制御することが困難な状態で走行させる行為を規定し，③・④・⑤は，特定の相手方との関係や特定の場所との関係で，危険性の高い運転行為を規定したものです。

また，自動車運転死傷行為処罰法は，⑥アルコールや薬物，又は病気のために正常な運転に支障が生じるおそれがある状態で，その状態であることを自分でも分かっていながら自動車を運転し，アルコールや薬物，又は病気のために正常な運転が困難な状態になり，人を死亡させたり，負傷させたりした場合も，新たな危険運転致死傷罪とし，負傷させた者を12年以下の懲役，死亡させた者を15年以下の懲役に処する旨も定めました。

なお，本罪は，制定当初は，四輪以上の自動車を運転する場合のみが対象となり，バイクや原動機付自転車は除外されていましたが，2007（平成19）年の刑法改正で，原動機付二輪車や自動二輪車も含まれるように，その対象が改められました。

### (2) 危険運転致死傷罪の保護法益

本罪は，人の傷害また死亡の結果を成立要件とする結果犯で，その保護法益が，第1次的には「人の生命および身体の安全」であることはいうまでもありません。

また，本罪が成立する場合には，酒飲み運転，無免許運転など道路交通の安全を保護法益とする道交法違反の犯罪の構成要件にも該当することから，第2次的に「道路交通の安全」を保護法益としているともいえるでしょう。

### (3) 危険運転致死傷罪の性質

本罪は，その実質的な危険性に照らして，故意に危険な運転を行うことによって，人に傷害を負わせ，または死亡させた者を業務上過失致死傷罪とは

別個の犯罪として処罰しようとするものであり，暴行により人を死傷させた場合（暴行の結果的加重犯としての傷害罪・傷害致死罪）に類似した犯罪類型と解されています。

前述したように，悪質・危険な運転行為は，多様な態様が考えられますが，危険運転致死傷罪では，そのうち重大な致死傷事犯となる危険が類型的に高い故意行為によって人を死傷させた場合のみを傷害致死傷罪と同等の重い法定刑で処罰することとしました。ただし，危険運転致死罪の法定刑の下限（懲役1年）は，傷害致死罪の下限（懲役2年）に比べて低くなっています。この点については，「暴行とは認められないが，これに準ずる危険運転行為による致死罪という犯罪類型に適した法定刑を定めたため」と説明されました。

他方，結果的加重犯における基本犯にあたる危険運転行為そのものを処罰する規定は，このときの刑法改正では盛り込まれませんでした。これは，そうした危険運転行為については，ほとんどの場合，酒酔い運転の罪，最高速度違反の罪，信号無視の罪など道交法違反として処罰が可能であることによります（井田〔2003〕34頁）。しかし，基本犯が刑法に定められていないのに結果的加重犯だけが刑法上の犯罪となっているという規定形式については，疑問を呈する声も聞かれました（曽根〔2002〕48頁・高山〔2005〕401頁）。こうした形式上の問題は2013年に危険運転致死傷罪の規定が自動車運転死傷行為処罰法に移されたことで一応解消されたことになりました。

なお，危険運転致死罪は，少年法20条第2項が定める原則逆送や同法22条の2第1項第1号が定める検察官関与の要件である「故意の犯罪行為により被害者を死亡させた罪」にあたり，現実にも，最も高い比率で原則逆送が適用されている犯罪となっています。

## 2　5種類（＋1種類）の実行行為

危険運転致死傷罪の実行行為は，前述の①～⑥です。

### (1)　酩酊運転致死傷罪

このうち①「アルコールまたは薬物の影響により正常な運転が困難な状態で自動車を走行させること」の「アルコール」とはアルコール飲料や酒類を

意味します。「薬物」とは、麻薬や覚せい剤などの規制薬物だけでなく、シンナー、薬事法に規定する医薬品など運転者を「正常な運転が困難な状態」に陥らせる薬理作用を有するものを指し、睡眠薬も含まれます。また「正常な運転が困難な状態」とは、現実に的確な運転操作を行うことが困難な状態を意味し、道路交通法における酒酔い運転の罪の要件である正常な運転ができない可能性のある状態では足りません。

### (2) 制御困難運転致死傷罪

②「進行を制御することが困難な高速度で、または進行を制御する技能を有しないで自動車を走行させること」の「進行を制御することが困難な高速度」とは、走行速度が速すぎるため、道路の状況に応じて進行することが困難な状態で自動車を走行させることを意味します。こうした「高速度」にあたるか否かは、具体的な道路の状況、自動車の性能、貨物の積載状況などを考慮して判断されます。

とはいえ、「高速度」という文言の意義から、ある程度の速度が要求されることになります（佐伯〔2002〕73頁）。

また、「進行を制御する技能を有しない」とは、運転に必要な知識や技術を持っていない、運転技量の未熟な状態を指します。具体的には、無免許運転が想定されますが、無免許でも、過去に免許を有しており取消処分を受けたような場合は、技術は有するので、この行為には該当しません。

### (3) 妨害運転致死傷罪

③「人または車の通行を妨害する目的で、走行中の自動車の直前に侵入し、その他通行中の人または車に著しく接近し、かつ重大な交通の危険を生じさせる速度で自動車を運転すること」の「車」には、四輪以上の自動車だけでなく、自動二輪車、原動機付き自転車、自転車が含まれます。また、「重大な交通の危険を生じさせる速度」とは、「自車が相手方と衝突すれば大きな事故を生じさせると一般的に認められる速度、あるいは、相手方の動作に即応するなどしてそのような大きな事故になることを回避することが困難であると一般に認められる速度」（井上〔2002〕41頁）を指します。したがって、渋滞で徐行中に車線変更をし、走行中の車の直前に割り込むような場合は含まれません。ここでは、②の場合と異なり、「高速度」という要件で絞

りがかけられていないため，時速20〜30キロメートルでも，本要件を満たす可能性は十分にあるでしょう（井上〔2002〕41頁）。他方，「通行を妨害する目的」とは，相手方の自由で安全な通行を妨げることを積極的に意図することを言い，この点についての未必的な認識や認容があるだけでは足りないとすることによって，犯罪成立範囲を限定する機能を負っています。

### (4) 信号無視運転致死傷罪

④「赤色信号またはこれに相当する信号を殊更に無視し，かつ重大な交通の危険を生じさせる速度で自動車を運転すること」の「赤色信号」とは，公安委員会が設置した信号機の表示する赤色灯火の信号を指し，「これに相当する信号」とは，赤色信号と同様の効力を有する「警察官の手信号その他の信号」（道路交通法6条1項など）などを指します。

また，「殊更に無視し」とは，信号無視のうち悪質性の高いものに限定するための要件であり，赤色信号を看過した場合，すでに安全に停止することが困難な地点で赤色信号に気づいた場合などを除外するために盛り込まれた文言です。

### (5) 通行禁止道路進行運転致死傷罪

⑤「通行禁止道路を重大な交通の危険を生じさせる速度で進行すること」の「通行禁止道路」とは，政令で定められた車両通行止め道路，自転車及び歩行者専用道路，一方通行道路（の逆走），高速道路の反対車線，安全地帯又は立入り禁止部分（路面電車の電停等）を意味します。また，「重大な交通の危険を生じさせる速度」は，③妨害運転致死傷罪の場合と同じ意味です。したがって，徐行運転での通行禁止道路の進行は含まれません。

### (6) アルコール等影響支障運転致死傷罪

⑥「アルコール又は薬物若しくは運転に支障を及ぼすおそれがある病気」の「アルコール」と「薬物」は，①酩酊運転致死傷罪の場合と同じ意味です。他方，「運転に支障を及ぼすおそれがある病気」とは，運転免許の欠格事由とされている病気の例を参考とした上で，自動車を運転するには危険な症状に着目して政令で定められています。具体的には，①自動車の運転に必要な認知，予測，判断又は操作のいずれかに係る能力を欠くこととなるおそれがある症状を呈する統合失調症，②意識障害又は運動障害をもたらす発

作が再発するおそれがあるてんかん（発作が睡眠中に限り起こるものを除く），③再発性の失神，④自動車の運転に必要な認知，予測，判断又は操作のいずれかに係る能力を欠くこととなるおそれがある症状を呈する低血糖症，⑤自動車の運転に必要な認知，予測，判断又は操作のいずれかに係る能力を欠くこととなるおそれがある症状を呈するそう鬱病（そう病及び鬱病を含む），⑥重度の眠気の症状を呈する睡眠障害です。

## V　過失運転致死傷罪

### 1　過失運転致死傷罪の構成要件

　交通事故の典型例である自動車による人身事故について，刑事責任を問われるかどうかは，加害者に，事故を予見する可能性とこれを回避する可能性があったかどうかにかかっています。こうした可能性が認められる場合，運転者には，結果の予見と回避を内容とする注意義務が課され，そうした義務に違反していたと認められるときには，加害者は，危険運転死傷行為処罰法5条の過失運転致死傷罪に問われ，7年以下の懲役・禁錮又は100万円以下の罰金に処せられます。

　自動車運転過失致死傷罪にあたる行為には，従来，業務上過失致死罪（211条1項）が適用され，5年以下の懲役・禁錮または100万円以下の罰金が科せられていました。また，2007（平成15）年の刑法改正で，業過の中でも，自動車運転が本質的に内在する人の生命・身体を侵害する危険性が高いことから，とくに，これを独立して切り出し，重い責任を課すこととされました（刑法旧211条2項）。そして，2013（平成25）年には，内容はそのままで，自動車運転死傷行為処罰法5条に規定が移されました。

### 2　信頼の原則

　しかし，交通事故は頻繁に起こっており，重大な結果を招く危険性があることは，周知の事実ですから，ひとたび事故が起これば，その予見可能性が否定される余地はかなり限定されてしまうおそれがあります。かといって，

交差点の信号が青でも，交差路を信号無視で走行してくる車があるかもしれないと用心して走行する必要があるとすると，日本中の交通は麻痺してしまうでしょう。

　そこで，特別な事情がない限り，運転者は，被害者らが法令を遵守して行動することを信頼し，その信頼に基づき自動車の走行を行うことが許され，被害者が，信頼を破る予想外の行動に出たために，事故が発生したとしても，責任を問われることはありません。この原則を「信頼の原則」と呼びます。

### 3　情状による刑の免除

　危険運転致死傷罪の新設の目的は，悪質な交通事故への対応のハード化（厳格化）にありました。したがって，その影響が，軽微な交通関係業過に及ぶことまでは望まれていませんでした。前述したように，検察庁の処理方針の見直しもあり，1987（昭和62）年以後，交通関係業過，とりわけ業務上過失致傷罪の起訴率は急速に低下しましたが，こうした軽微な交通関係業過へのソフトな対応に法的根拠を与えるため，2001（平成13）年の刑法改正では，211条2項として，自動車を運転して，業務上過失致傷罪（現在は自動車運転過失致傷罪）を犯した者は，傷害が軽いときは，情状により，その刑を免除することができる旨の規定が追加されました。

## VI　ひき逃げ

　人身事故の加害者が，被害者を置き去りにして逃げてしまう「ひき逃げ」も，交通犯罪のポイントの1つです。一般的に，「ひき逃げ＝凶悪犯罪」と考えられがちですが（加藤久雄〔1999〕6頁），軽微な人身事故の後に，逃げ去った場合には，道路交通法の救護義務違反の罪が成立するに過ぎません。問題は，人身事故によって，被害者の生命に危険を生じさせたようなケースで，加害者が逃げ去った場合の評価です。

　刑法218条は，「老年者，幼年者，身体障害者又は病者を保護する責任のある者がこれらの者を遺棄し，又はその生存に必要な保護をしなかったとき

は，3月以上5年以下の懲役に処する」と保護責任者遺棄罪を定めています。判例では，人身事故の被害者は，「病者」に当たると解されていることから，加害者は，周囲に人気がなかったり，いったん，自分の車に乗せて運び始めた後に，気が変わって，別の場所に置き去りにしたような場合には，保護義務が生じ，保護責任者遺棄罪が成立する可能性があります。

さらに，加害者が，被害者の生命の危険についての認識を超え，殺意（殺人罪の故意）を有していた場合には，不作為による殺人罪が成立する可能性もあります。

## VII　交通犯罪対策の課題

前述したように，従来，非犯罪化・非刑罰化に重点を置いていた日本の交通犯罪対策にとって，2001（平成13）年の刑法改正は，ターニングポイントでした。その際の危険運転致死傷罪の新設にあたって，交通犯罪被害者の果たした役割は軽視できません。これまで放置されてきた交通犯罪被害者の声に，社会が耳を傾け始めたのです。しかし，危険運転致死傷罪の新設によって，交通犯罪をめぐるあらゆる問題が解決したわけではありません。それは，2013（平成25）年に自動車運転死傷行為処罰法が制定されたことからも明らかです。交通犯罪は，必ずしも悪質性が高いとはいえない過失によって甚大な被害が生じる犯罪の典型例です。こうした犯罪に対して，厳罰化がどれだけ効果を発揮できるのか，議論が必要ではないでしょうか。

# 第6講
# 性 犯 罪

## I 性犯罪の意義

### 1 性犯罪の保護法益

　性犯罪は，被害者に身体的なダメージだけでなく，精神的なダメージをも与え，人間の尊厳をふみにじる許されざる行為です。「魂の殺人」とも呼ばれるこうした凶悪な犯罪の取締りは，今日の犯罪対策において最も重要な課題の1つに数えることができるでしょう。

　現行刑法は，性犯罪として，強姦罪（177条）・準強姦罪（178条2項）・集団強姦罪（178条の2），強制わいせつ罪（176条）・準強制わいせつ罪（178条1項）および淫行勧誘罪（182条）を規定しています。これらは，いずれも個人法益の罪であり，その保護法益は，被害者の性的自由や感情と理解されています。しかし，立法当初は，性風俗（性道徳）を保護法益とする社会法益の罪と位置づけられていました。このことは，性犯罪が，個人法益の罪がリストアップされている第26章以下ではなく，公然わいせつ罪（174条）やわいせつ物等頒布等罪（175条）などの社会法益の罪が定められている第22章（174条以下）に規定されている点からも明らかです。「かつて，女性には，適切な自由や権利が認められていなかった」という事実を物語る証拠ということができるでしょう。ただし，そうした過去の経緯はともかく，日本国憲法下の今日においては，女性（ただし，強制わいせつ罪の被害者は女性に限られない）の性的自由や感情という個人法益に対する罪であることに異論はなく，むしろ現行刑法が，そうした女性の法益を保護することができるのかという点こそが問題だといえるでしょう。

## 2　強姦・強制わいせつの客体

　強姦罪と強制わいせつ罪は，客体を2つに分けて規定しています。1つは13歳以上の者で，他は13歳未満の者です（強姦は女性のみ）。このうち13歳以上の者については，性的自己決定権を尊重する趣旨で，同意によらず，反抗を著しく困難にするほどの暴行・脅迫を手段とした場合に限って，犯罪が成立するのに対して，13歳未満の者については，判断能力が未熟であるので，パターナリズムの観点から，暴行・脅迫を手段とせず，同意が存在した場合にまで犯罪の成立範囲が広げられています。

## 3　親告罪

　強制わいせつ罪や強姦罪は，告訴がないかぎり，公訴を提起することができない親告罪です（180条1項）。これは，①同意の有無が犯罪の成否に大きな影響を与える両罪の場合，犯罪の成否を客観面だけで判断することが容易でなく，②被害者の協力なしには，公判を維持することが難しいといった点に加え，③捜査や公判を通じて，被害者が精神的な苦痛や名誉・プライバシーの侵害などを強いられる可能性があることに起因しています。

　かつては，告訴期間は6か月と定められていましたが，2000（平成12）年に制定された被害者対策二法によって，こうした規定が撤廃され，公訴時効までは告訴が可能になりました。この改正は，告訴を決意するまでに，相当の時間を必要とする被害者も少なくないという実態をふまえて実施されたものでした。

　ただし，2人以上の者が共同して両罪を実行したときや集団強姦罪の場合には，被害者の利益よりも悪質な犯人への制裁の必要性が優先され，告訴がなくても，公訴の提起が認められます（180条2項）。

# II　性犯罪の実態

## 1　性犯罪の認知件数の推移

　強姦罪の認知件数の推移をみてみると，1940年代後半と2人以上の者が現

場で共同した場合が非親告罪とされた1958（昭和33）年に急増し，以後1960年代後半まで高い水準で推移していましたが，その後は，長期に渡って減少傾向にあり，1996（平成8）年には，終戦直後を除いて最も少ない1,483件になりました。ところが，翌年以降，増加に転じ，2003（平成15）年には，2,422件に増加しました。しかし，2004（平成16）年以降減少に転じ，2011（平成23）年には1,582件にまで減りました。ただし，2012（平成24）年には1,240件と，再び増加しています。

　これに対して，強制わいせつ罪の認知件数の推移は，1965（昭和40）年までは増加傾向にありましたが，その後は，減少に転じ，1991（平成3）年から再び増加傾向を示すようになり，2003年には，初めて1万件の大台に乗り，1万29件を記録しました。しかし，強姦罪と同様，強制わいせつ罪も，2004年以降は徐々に減少し，2011年は，6,870件にまで減りました（図18参照）。しかし，本罪も2012年には7,263件と増加しており，予断を許さない状況にあります。

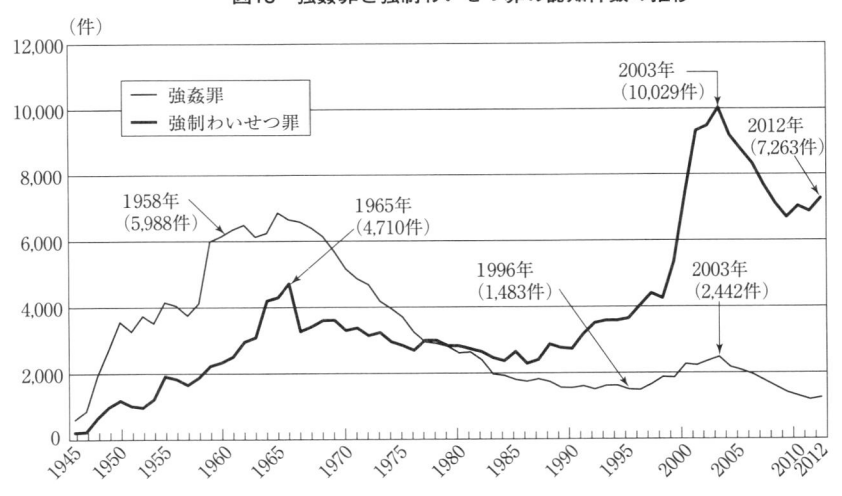

**図18　強姦罪と強制わいせつ罪の認知件数の推移**

## 2 性犯罪の特徴

強姦罪と強制わいせつ罪は，同じ性犯罪ですが，いくつかの点で大きく異なる特徴を有しています。犯罪白書や犯罪統計にあげられたデータをもとに性犯罪の特徴を整理してみましょう。

### (1) 被害者面識率

たとえば，強姦罪は，殺人罪や傷害罪ほどではありませんが，加害者と被害者に面識があるケースの比率が高い犯罪です。1980年代前半には40％に達していた面識率は，その後，一度は20％台前半にまで低下したものの，近時では，再び上昇傾向が見られ，50％前後に達しています。2012（平成24）年は，48.4％（うち親族が5.6％）でした。

これに対して，強制わいせつ罪の面識率は，1980年代前半には20％弱ありましたが，その後は10％に満たないところまで低下しました。しかし，近時は，再び増加傾向を示し，20％前後で推移しています。2012年は，24.1％（うち親族が1.9％）でした。

### (2) 犯行場所と発生時間

また，犯行場所では，強姦罪は，屋外の比率が増加傾向にあり，2001（平成13）年には約30％，2012年には25.4％でした。これに対して，住宅での比率は長期的には漸減しつつあり，1990年代半ばには50％程度であった比率は，1998（平成10）年以降，40％台前半で推移していました。ただし，近時微増傾向にあり，2012年は50.3％でした。

他方，強制わいせつは，屋外比が高く，長い間，60％前後で推移しています。2012年は，60.5％でした。これに対して，住宅比は，最近では，20％台で増減を繰り返しています。2012年は，24.3％でした。

屋外や公共交通機関など街頭で発生した強姦罪と強制わいせつ罪について，発生時間を見ると，2012年の場合，深夜率（22時から6時までに発生した比率）が，強姦罪で53.4％，強制わいせつ罪で43.5％でした。

## III 強制わいせつ罪

### 1 強制わいせつ罪の構成要件
#### (1) わいせつ行為

強制わいせつ罪は，前述したように，13歳以上の者に対しては，暴行・脅迫を手段として，被害者の意に反して，13歳未満の者に対しては，手段と被害者の意思にかかわらず，「わいせつな行為」をしたときに成立します。裁判例によれば，ここでいう「わいせつな行為」とは，「徒らに性欲を興奮又は刺激させ，かつ普通人の正常な性的羞恥心を害し，善良な性的道義観念に反する」行為を意味します（名古屋高金沢支判昭和36年5月2日下刑集3巻5・6号399頁）。

#### (2) 性的意図の要否

また，強制わいせつ罪が成立するためには，性欲を興奮・刺激させ，または満足させるという性的意図が必要であるという見解が有力です。下級審判決には，報復目的で，女性を裸にして写真を撮影したケースについて，強制わいせつ罪の成立を否定したものがあります（東京地判昭和62年9月16日判時1294号143頁）。しかし，そうした成立範囲の限定には，女性の性的自由の保護を後退させるとして批判が少なくありません。

#### (3) 暴行・脅迫

被害者が13歳以上の場合には，手段として，暴行または脅迫を用いていることが，犯罪成立の要件となっています。しかも，その暴行・脅迫の程度は，相手の犯行を著しく困難にするものでなければならないと解されています。

しかし，これでは，犯罪の成立範囲があまりに限定的で，性的自由の保護として十分ではありません。そこで，少なくとも暴行については，被害者の意思に反してわいせつ行為を行えば，わいせつ行為自体が暴行に該当し，強制わいせつ罪が成立するものと考えられています（大判大正14年12月1日刑集4巻743頁）。

また，暴行・脅迫ではなく，欺いたり，甘言を手段として，わいせつ行為

に及んだ場合には，178条1項の準強制わいせつ罪が成立します。

**2 「痴漢」**

前述したように，わいせつ行為自体が暴行にあたる場合には，「痴漢」も強制わいせつ罪に該当することになります。また，都道府県レベルで制定されている迷惑防止条例の「卑わい行為」等の罪も適用される可能性があります。

しかし，こうした「痴漢」の取締りにとって，大きな障害となっているのが，立証の困難さです。痴漢のケースでは，物証がほとんどなく，証人も，被害者以外には見当たらない事案も少なくないため，検察官にとっても，公判を維持することが非常に難しいのが実状です。最近では，多くの鉄道路線で，女性専用車両が導入され，話題になっています。少なくとも，犯罪予防の観点からは，評価されるべきでしょう。

**3 法定刑**

従来，強制わいせつ罪の法定刑は，6月以上7年以下の懲役でしたが，2004（平成16）年の刑法改正によって，6月以上10年以下の懲役に引き上げられました。これは，性犯罪への法定刑が，相対的に低すぎるとの批判を受けたものでした。とくに，男女共同参画社会に向けてさまざまな取組みが活発化する中で，「性犯罪に甘い」状況が，社会での女性の活動を妨げる一因になっているとの厳しい批判が高まり，法定刑の引上げを後押ししたのです。

## IV 強姦罪

**1 強姦罪の構成要件**

強制わいせつ罪と異なり，強姦罪の客体は，女性に限定されています。逆に，主体も，男性に限定されてますが，共犯や間接正犯としては，女性も主体となることができます（最大判昭和40年3月30日刑集19巻2号125頁）。

強姦罪は，被害者が13歳以上の場合には，暴行・脅迫を手段とし相手の反

抗を抑圧して（13歳未満の場合には，暴行・脅迫を用いておらず，相手方の同意があったとしても），男性が，女性を「姦淫」することによって成立します。「姦淫」とは，男性器の女性器への挿入を意味します。

## 2 強姦神話
### (1) 強姦神話の具体例

いうまでもなく，強姦罪は，許されない卑劣な犯罪です。ところが，しばしば，「被害者も不用意だった」，「被害者が挑発した」など，被害者に誤った非難の眼が向けられることがあります。こうした事態をもたらしているのは，社会の強姦罪に対する先入観や偏見です。

欧米では，こうした先入観や偏見を「強姦神話」と呼び，これをうち破ることこそが，強姦の実情を把握するために，必要不可欠であると説かれています。「強姦神話」には，さまざまなものがありますが，日本にも相通じる具体例としては，次のようなものがあります（宮澤〔1987〕59頁・藤本〔1991〕202頁・瀬川〔1994〕15頁）。

① 強姦は，暑い季節の犯罪である。
② 強姦は，見知らぬ者の間で起こる。
③ 強姦は，戸外で起こる犯罪である。
④ 強姦の多くは，偶発的に起こる。
⑤ 飲酒が，強姦の引き金になる。
⑥ 強姦の原因は加害者の性的欲求不満である。
⑦ 強姦は，加害者が被害者に悩殺されたために起こる。
⑧ 強姦は，女性が抵抗すれば実現しない。
⑨ 強姦は，衝動的な犯罪である。
⑩ 強姦は，残忍な暴力をともなう。
⑪ 強姦に被害者の同意は存在しない。
⑫ 売春の合法化は強姦を減少させる。

## (2) 判例に現れた「強姦神話」の影

今日では、これらの神話が、客観的な根拠の薄いものであることが明らかになっています。しかし、こうした神話が、人々の潜在意識の片隅に残っていることも否定できません。そうした否定しがたい事実が、多くの性犯罪被害者に、より深い傷を負わせているのではないでしょうか。

たとえば、下級審判決においても、初めて出会った男性と深夜の林道を歩くことは、「常識上理解に苦しむところで」、男性が「暗黙に姦淫に応ずることを承知したものと信ずるに至ったとしても不自然ではない」として強姦の故意を否定し、「首に手をかけ、押し倒し、……姦淫するというのみでは姦淫行為一般についても当てはまることで必ずしも強姦行為とはなし得ない」として、暴行の存在を否定したものがあります（山口地判昭和34年3月2日下刑集1巻3号611頁）。

## 3 準強姦罪

暴行・脅迫を手段としなくても、被害者が、正常な判断を下せない状況を利用したり、抵抗できない状況を利用して姦淫に及べば、準強姦罪が成立します。このうち、正常な判断を下せない状況とは、具体的には、泥酔状態や重度の精神障害を指します。他方で、抵抗できない状況とは、縛られているような物理的な抗拒不能のほか、熟睡や錯覚・錯誤などの心理的抗拒不能も含まれます。

たとえば、治療目的と偽って、患者に性行為を同意させ、姦淫した医師に、準強姦罪の成立が認められた事案があります（東京地判昭和62年4月15日判時1304号147頁）。

## 4 第2次・第3次被害者化

強姦罪の問題点として、その被害が直接的なものだけにとどまらない点がしばしば指摘されてきました。このような問題意識から唱えられるようになったのが、第2次被害者化・第3次被害者化の問題です（宮澤〔1986〕25頁）。

### (1) 第2次被害者化

このうち「第2次被害者化」とは、刑事司法機関等の配慮に欠けた対応に

よって，被害者の被害をさらに深くすることを指します。犯罪捜査や刑事裁判では，事実の追求を重視するあまり，しばしば被害者への配慮を欠いてしまうことがあります。とくに強姦では，それまでの被害者の異性関係など私生活がむやみに暴かれ，プライバシーが侵害されるという傾向が顕著に現れやすいと言われます。強姦の被害者の場合，こうした傷が深まることを「セカンド・レイプ」とも呼びます。1990年代以降，欧米や日本において刑事手続における被害者の人権保護の問題が盛んに論じられている背景には，こうした事情があるのです。

(2) 第3次被害者化

このような第1次，第2次被害者化により心身ともに苦悩を負ってしまった被害者に適切な対応がなされず放置されると，被害者はさらに自己破滅的な道をたどることが少なからずあります。このような現象が「第3次被害者化」と呼ばれるものです。

裁判において有罪判決が確定することによって，事件は一応の解決を見たものと一般に考えられがちですが，そうした一般の認識とはかかわりなく，被害者の心の傷は癒されることなく残り続けます。周囲が，こうした点への配慮を欠くことで，被害者の傷を深めてしまうのです。

(3) 性犯罪被害者の保護

過去10年，日本でも，ようやくこうした性犯罪被害者を中心とした犯罪被害者の実状が認識されるようになり，その保護を図るためにさまざまな制度が導入されました。具体的には，刑事司法において，ビデオリンク方式の証人尋問の導入，証人の遮へい措置（衝立）の導入，付き添い制度の実施などです。この他にも，民間の犯罪被害者支援組織による活動が積極的に展開されており，カウンセリングや精神的なサポートが行われています。しかし，性犯罪被害者の保護という観点から，検討すべき課題は少なくありません。

たとえば，後述するドメスティック・バイオレンスについては，被害者保護のため，被害者の申立てにより，裁判所が，加害者である配偶者に被害者への接近を禁じる保護命令制度が導入されました。しかし，性犯罪については，こうした制度は用意されていません。もちろん刑罰を科されることで罪を償った加害者の社会生活を不当に制限することは許されないでしょうが，

「いつか，どこかで加害者に会うかもしれない」という被害者の不安や恐怖を軽視することも許されないでしょう。また，性犯罪被害者の中には，裁判員裁判となり事件を裁判員に知られることを嫌い，検察官が，起訴する際の罪名を，裁判員裁判の対象犯罪である強姦致傷罪から，対象犯罪ではない強姦罪に変更するというケースがあったそうです。このため，一部では，強姦致傷罪を裁判員裁判の対象犯罪から外すべきとの声も出始めています。裁判員裁判の対象から外すかどうかは別にしても，現状が，被害者への配慮を欠いていることは否定できないでしょう。したがって，裁判員制度の今後の適正な実施のためにも，何らかの手立てを講じることが求められます。

## V 性犯罪者の処遇

### 1 メーガン法

最近，少女を被害者としたいくつかの性犯罪事件で，加害者に同種の犯罪についての前科が存在したことから，性犯罪前科者の情報を公開する必要性の有無が議論されるようになっています。

アメリカ合衆国では，当時7歳の少女が，近所に住んでいた性犯罪の前科者によって自宅に誘い込まれ，強姦，殺害されたという事件を契機として，性犯罪前科者の住所や顔写真などの公開を行政機関に義務づける法律が制定されました。この法律は，事件の被害者の名前メーガン・カンカちゃんにちなんで，メーガン法と呼ばれています。メーガン法は，幼児に対する性犯罪への社会の不安を背景に急速に支持を広げ，法制化が全米ですすめられました。しかし，同法には，責任主義やプライバシーの観点から疑問も呈されています（松井〔2006〕181頁）。

### 2 性犯罪者の処遇

犯罪者の人権を無視できないことから，アメリカ合衆国のような制度をそのまま日本に持ち込むことは難しいでしょう。しかし，性犯罪者の一部に常習性が認められる以上，刑罰を科すだけでなく，何らかの有効な手だてを

探る必要性も認められます。そこで、法務省は、警察庁に対して、性犯罪者の出所日や居住予定地に関する情報を提供し、再犯防止対策に活用する制度を導入しました。

また、常習性が認められる性犯罪者については、特別な処遇プログラムによって再犯の危険性を低下させる試みも実施されています。アメリカでは、ホルモン剤の投与によって、その危険性を引き下げる手法も取り入れられています。この対応には、有効性の面でも、妥当性の面でも、問題点が指摘されていますが、医学的、心理学的な面を含めて、受刑者に対する積極的な働きかけを行う必要性は認められるべきでしょう。日本版メーガン法の導入の是非と併せて、こうした点についても、検討が必要となるでしょう。

性犯罪対策の新しい動きを伝える記事

朝日新聞2005年4月18日

## VI 性犯罪対策の課題

### 1 フェミニストの問題提起
#### (1) 現行刑法の問題点

性犯罪の問題点は、立法のあり方にあるのではないか。従来の性犯罪対策の問題点を鋭くえぐり、今後のあり方について明快な提言をしているのが、

フェミニスト法学の論客たちです（瀬川〔1997〕79頁）。たとえば，現在の性犯罪は，女性ではなく，男性の性的自由を守っているのではないかとの問題意識から，次のような問題点が指摘されています。①反抗を抑圧するほどの暴力や脅迫を用いなければ強制わいせつ罪や強姦罪が成立しないのはおかしい。②夫婦では強制わいせつ罪や強姦罪が成立しないのはおかしい。③単なる身体への接触（セクハラ・痴漢）が強制わいせつ罪にならないのはおかしい。

また，次のように，性的自由を守るのに，強制わいせつ罪と強姦罪で十分かも問われています。④ソフト・レイプ（強姦神話・女性偶像への疑問）に寛容すぎないか。⑤同意のない性交に寛容すぎないか。⑥男性への強姦罪が考慮されていない。⑦強制わいせつ罪と強姦罪は，刑罰が軽すぎないか。

### (2) 刑法改正の提言

フェミニストは，これらの問題を解決するため，次のように刑法を改正することを提案しています。①暴行・脅迫を用いない不同意の性交の犯罪化（性的自己決定の保護の徹底）。②夫婦間への強姦罪の適用。③性的自由と人格への侵害としてのセクハラ・痴漢の犯罪化。④客体の中性化（男性も含める）。⑤性的自由に対する犯罪の法定刑の引上げ。このうち，⑤については，2004（平成16）年の刑法改正において，強姦罪の法定刑が，2年以上（2年以上15年以下）の有期懲役から3年以上（3年以上20年以下）の有期懲役に引き上げられました。

## 2　女性の性的自己決定権の保護

フェミニストの主張にも現れていますが，現行の刑法が定める性犯罪の保護法益である「性的自由」の意味は，必ずしも明確ではありません。これを誰と性的関係を持つかの意思決定の自由と解すると，暴行・脅迫を手段とした場合にのみ成立する強姦罪や強制わいせつ罪は，あまりにも成立範囲が狭すぎるといえるでしょう。このため最近では，強姦罪は，性犯罪ではなく，暴行罪の特別類型と把握すべきとの見解も有力に主張されています（木村〔2003②〕102頁）。

しかし，こうした理解が，現状の規定を正確に把握するには妥当としても，性的自由や権利の保護を大きく後退させてしまう点は見逃すことができ

ません。やはり，真正面から，誰と性的関係をもつかを自らが決定する権利（自己決定権）を保護法益とする必要性を認め，そのために必要な刑法の改正を検討すべきでしょう。

> **リアル・レイプ**　元ハーバード大学ロースクール教授のS・エストリッチは，その著書『リアル・レイプ』(1987年)において，自らの被害体験をもとにして，見知らぬ男性に暴力的に犯される行為だけを一般にはレイプと考えがちであるが，問題視されるべき真のレイプは，「加害者が被害者と顔見知りで，暴行・脅迫によらないレイプ（シンプル・レイプ）」であると告発し，従来の刑法が，女性保護どころか，男性保護のために用いられてきたと主張しました（エストリッチ〔1990〕13頁）。この主張は，レイプの概念そのものに，すでに問題が内在していることを指摘したものとして，社会に大きなインパクトを与えました。

## 第7講
# 財産犯罪(その1)
―― 財産犯罪の概要と窃盗 ――

## I　刑法における財産の保護

　財産は，私たちが，社会的な活動を行うにあたって大切な役割を果たします。ですから，財産の保護は，刑法にとっても重要な仕事です。

　とはいえ，今日の日本の自由市場経済のもとでは，あらゆる財産上の損害を刑法による保護の対象にすることは，かえって経済活動を萎縮させたり，当事者の自由な意思を軽視することになるため，必ずしも望ましくありません。たとえば，よく似た形状の腕時計のうち，安い方を購入したところ，すぐに壊れてしまったとしても，それは購入者の自己責任だし，売り主に落ち度があったとしても，それは民事上の責任にとどまるというわけです。

　このため現行刑法では，単なる債務不履行や過失による財産侵害については処罰の対象とされていません。言い換えれば，財産の保護は，一次的には，民事法上の手段によって実現されるべきと考えられているのです（井田〔2013〕85頁）。

　ただし，財産を侵害する行為の中には，悪質性が高く，甚大な被害をもたらすものが存在することも確かです。私有財産制度を認める以上，財産侵害行為のうち，とくに悪質なものについて，警察が取り締まり，刑罰を科すことには，十分説得力があるでしょう。このため，刑法典にさまざまな財産犯罪が規定されているほか，特殊な形態の財産犯罪を規制するために，特別法上も，多数の財産犯罪が定められています。

## II 財産犯罪の種類

現行刑法には，財産犯罪として，①窃盗，②強盗，③詐欺，④恐喝，⑤横領，⑥背任，⑦器物損壊，⑧盗品等関与の8種類の犯罪を定めています。さらに，特別法には，多種多様な財産犯罪が規定されています。今日のように経済活動の複雑化・多様化がすすむと，これに対応して，財産犯罪の種類も増加する傾向にあるのです。

### 1 財産犯罪の性質による分類
#### (1) 客体の性質による分類

現行刑法が定める財産犯罪は，客体の性質により，財物罪と利得罪に分類することができます（**表6**参照）。前者は，財産上の価値をもつ有体物が客体であるのに対して，後者は，財産上の利益が客体になります。財産犯罪は，基本的に，財物を客体としていますが，強盗（236条2項），詐欺（246条2項），恐喝（249条2項）は，財産上の利益も客体にしています。このように，財産上の利益を客体とする犯罪は，各条の2項に定められていることから，「2項犯罪」と呼ばれることもあります。なお，後で詳述しますが，背任罪（247条）は，いずれの性質も併せもつ例外的な犯罪です（第9講Ⅲ参照）。

表6 財産犯罪の性質の比較

|   | 客体 | 行為 | 手段 | 被害者の同意 | 占有の侵害 |
|---|---|---|---|---|---|
| 窃盗 | 財物 | 奪取 | 窃取 | × | ○ |
| 強盗 | 財物・財産上の利益 | 奪取 | 暴行・脅迫 | × | ○ |
| 詐欺 | 財物・財産上の利益 | 奪取 | 欺く行為 | ○ | ○ |
| 恐喝 | 財物・財産上の利益 | 奪取 | 暴行・脅迫 | ○ | ○ |
| 横領 | 財物 | 領得 | 背信行為 | × | × |

**図19 財産犯罪の分類**

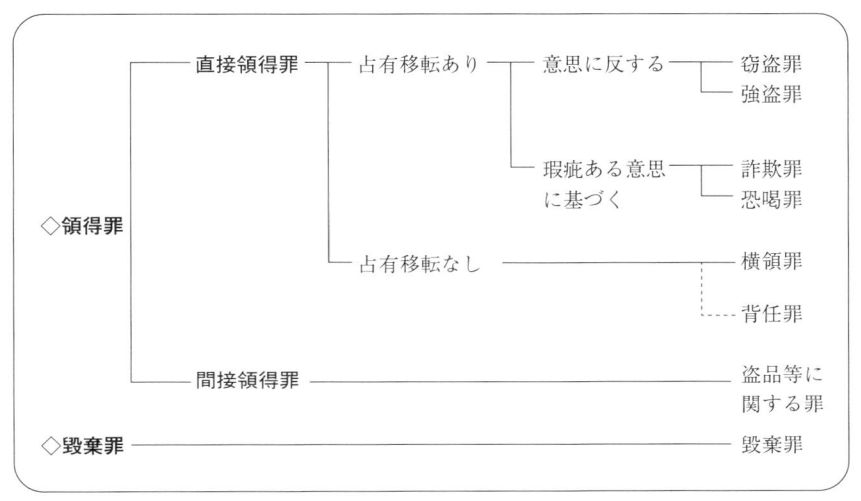

```
┌─直接領得罪─┬─占有移転あり─┬─意思に反する─────┬─窃盗罪
│            │              │                    └─強盗罪
│            │              │
◇領得罪      │              └─瑕疵ある意思─────┬─詐欺罪
│            │                に基づく          └─恐喝罪
│            │
│            └─占有移転なし──────────────────┬─横領罪
│                                              ┆
│                                              └─背任罪
│
└─間接領得罪────────────────────────────────盗品等に
                                                関する罪
◇毀棄罪──────────────────────────────────────毀棄罪
```

※木村光江・刑事法入門(東京大学出版会・1995)159頁を参照して作成

#### (2) 行為態様による分類

　現行刑法の定める財産犯罪は，行為態様によって，領得罪と毀棄罪に分けることができます(図19参照)。このうち，領得罪とは，他人のものを自分のものにする(=領得する)犯罪を指し，さらに，直接領得罪と間接領得罪に分けることができます。前者は，犯人自身が，領得する犯罪で，被害者の意思に反する占有の移転をともなう窃盗罪や強盗罪，瑕疵ある意思(本心とは違う同意)に基づく占有の移転をともなう詐欺罪や恐喝罪，占有移転をともなわない横領罪があるのに対して，後者は，盗品等を犯人からさらに領得する犯罪で，盗品等関与罪がこれにあたります。被害者から見て「間接的」という意味で，間接領得罪と呼ばれているわけです。

#### (3) 保護法益による分類

　さらに，財産犯罪は，保護法益の性質によって，個別財産に対する罪と全体財産に対する罪に分類することもできます。個別財産に対する罪とは，個々の具体的な財物や財産権が侵害されれば，犯罪が成立するのに対して，全体財産の罪は，被害者の資産全体の減少がなければ成立しない犯罪を指し

ます。

　現行刑法では，背任罪だけが，全体財産に対する犯罪で，他の財産犯罪は，すべて個別財産に対する罪とされています。

### 2　領得罪の法定刑

　日本の刑法は，しばしば「性犯罪に甘く，財産犯罪に厳しい」と言われます。これは，本当なのでしょうか。

　たとえば，領得罪の典型例である窃盗罪の法定刑を見てみると，10年以下の懲役または50万円以下の罰金となっています。その他，詐欺罪と恐喝罪も，10年以下の懲役と定められています。これに対して，毀棄罪である器物損壊罪は，3年以下の懲役，建造物損壊罪も，5年以下の懲役と定められています。

　このように財産犯罪の法定刑はたしかに重く，とりわけ被害者からすると，財産が壊されてしまった方が，侵害の程度がより大きいともいえるのに，毀棄罪の法定刑よりも，領得罪の法定刑が重く定められています。この点については，日本の刑事政策の歴史的な側面から説明されるのが一般的です。つまり，昔から日本で最も多く起こる犯罪は，窃盗を中心とした領得罪であったことから，これを厳しく取り締まる必要性が強く認識され，そのために，このように比較的高い法定刑がおかれることになったわけです。こうした傾向は，江戸時代から見られ，「十両盗めば首が飛ぶ」と言われていたそうです。

## III　窃盗罪

　いうまでもなく，窃盗とは，「泥棒」のことです。人の物を盗むという典型的な犯罪は，質的には，他人の家屋に忍び込んで財物を盗み出す侵入盗から，電車内でのスリ，スーパーでの万引き，車上あらしなど多様なものが含まれ，量的にも，刑法犯認知件数の約60％を占めています。

## 1 窃盗罪の実態

### (1) 認知件数の推移

　窃盗罪の認知件数の推移をみると（図20参照），終戦直後の1948（昭和23）年に124万6,445件と当時のピークに達した後，急激に減少し，1950（昭和25）年以降1977（昭和52）年までの27年間は，毎年100万件前後で推移していました。ところが，1978（昭和53）年に113万6,648件を記録してからは，長期的な増加傾向を見せるようになり，特に1998（平成10）年以降，大幅に増加し，2002（平成14）年には，237万7,488件と，戦後の最多件数を記録するに至りました。しかし，2003（平成15）年には，減少に転じ，その後は，5年連続で減少し続けています。2012（平成24）年の窃盗罪の認知件数は，104万447件で，10年前のピーク時の43.8％にまで減っています。ただし，全刑法犯中に，窃盗罪が占める割合は，今日でも大きく，2012年の場合，51.6％にのぼっています。

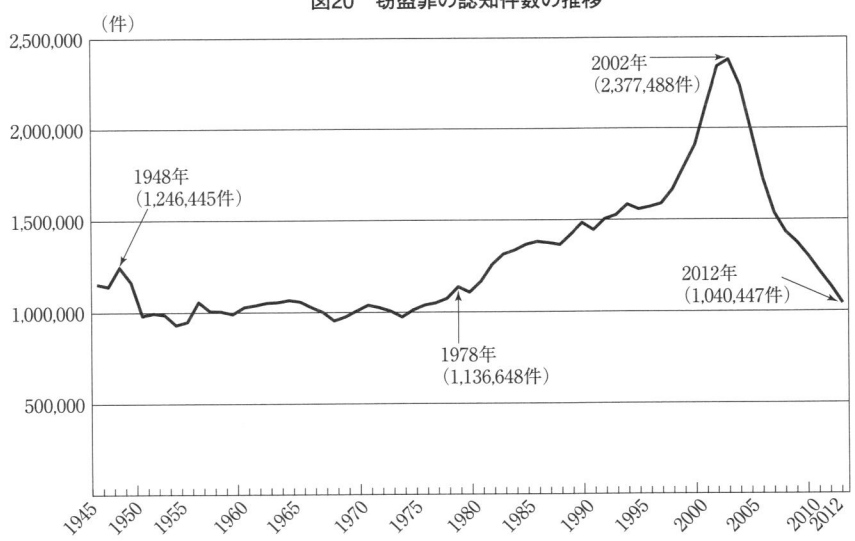

**図20　窃盗罪の認知件数の推移**

### (2) 種類別の推移と現状

　このように，今日でも窃盗罪の認知件数は多いわけですが，この事実から

治安情勢の深刻さを直ちに導き出すことはできません。というのも，窃盗罪の認知件数が多いのは，非侵入盗や乗り物盗の増加が主要因であり，治安情勢の指標の1つとされる侵入盗については，過去10年以上にわたって，窃盗全体に占める比率で11％から15％の間で推移しており，大きな変化は見られないのです。2012年は11.1％でした。

### (3) 侵入盗の手口

　最近の侵入盗の手口について，詳しく見てみると，かつては，「ピッキング」（ピッキング用具を使用した事案）の認知件数が，突出して多かったのですが，2003年に特殊開錠用具の所持の禁止等に関する法律が制定され，正当な理由によらないピッキング用具の所持の取締りが強化されたことから，急速に減少しました。具体的には，2004年に4,355件を数えたピッキング用具を使用した窃盗の認知件数は，2012年には69件にまで減ったのです。また，同法の規制の対象にならないドリルを使用したサムターン回しによる侵入盗も一時増えましたが，警察庁，経済産業省，国土交通省および建物部品関連の民間団体からなる「防犯性能の高い建物部品の開発・普及に関する官民合同会議」による防犯性能の高い部品の普及活動などが功を奏して，この方法も減少しました。具体的には，2004年に1,763件だったサムターン回しによる窃盗の認知件数は，2012年には71件にとどまっています。そこで，最近では，携帯用バーナーやライターなどの燃焼用具を使用し，ガラスを焼き切って侵入する手口が目立つようになっています。

### (4) 非侵入盗の手口

　他方，非侵入盗の手口では，万引きの割合が高く，2012年の認知件数では，窃盗全体の13.0％でした。このほか，車上ねらい（9.9％），部品ねらい（4.9％），置引き（4.2％）などの割合も小さくありません。これに対して，非侵入盗の中で，「重要窃盗犯」として位置づけられているひったくりやスリの割合は，それ程大きくなく，前者で1.0％，後者で0.5％でした。

　また，窃盗全体の36.9％以上を占める「乗り物盗」では，自転車盗が最も多く，29.2％にのぼったほか，オートバイ盗も5.7％，自動車盗は2.0％でした（図21参照）。

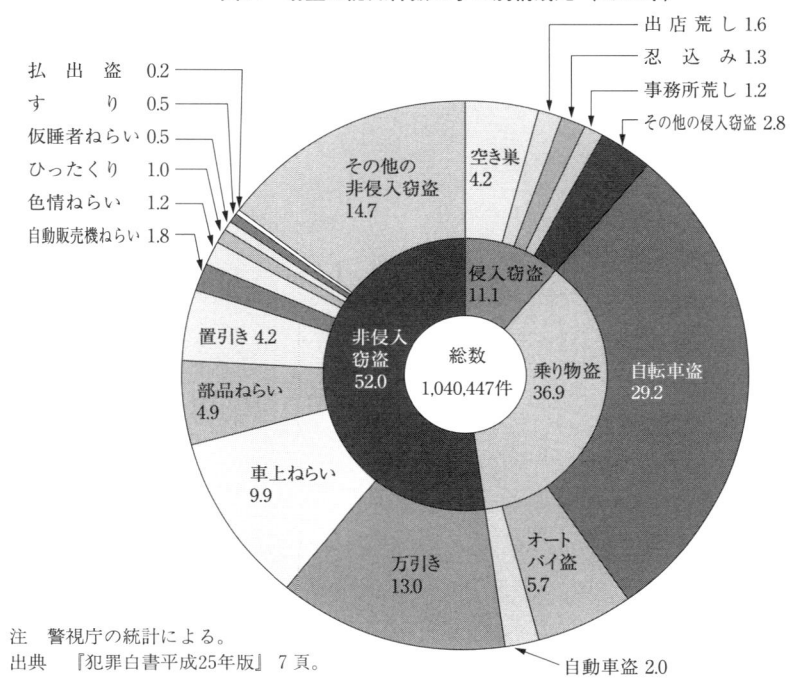

図21 窃盗の認知件数の手口別構成比（2012年）

外側（時計回り）：
- 空き巣 4.2
- 出店荒し 1.6
- 忍込み 1.3
- 事務所荒し 1.2
- その他の侵入窃盗 2.8
- 自転車盗 29.2
- オートバイ盗 5.7
- 自動車盗 2.0
- 万引き 13.0
- 車上ねらい 9.9
- 部品ねらい 4.9
- 置引き 4.2
- 自動販売機ねらい 1.8
- 色情ねらい 1.2
- ひったくり 1.0
- 仮睡者ねらい 0.5
- すり 0.5
- 払出盗 0.2
- その他の非侵入窃盗 14.7

内側：
- 侵入窃盗 11.1
- 乗り物盗 36.9
- 非侵入窃盗 52.0
- 総数 1,040,447件

注　警視庁の統計による。
出典　『犯罪白書平成25年版』7頁。

## 2　窃盗罪の保護法益

### (1)　本権説と占有説

　窃盗罪の保護法益について，所有権を中心とする民法上の権利（本権）であるとする本権説と所持・占有といった事実状態であるとする占有説が対立しています。もちろん，本権が刑法上保護されるべきである点について，両説に争いはありません。両説は，たとえば，自動車の賃貸契約の期間が終了した後も，それを借り続けている者から，正当な自動車の持ち主である貸し主が，無断で取り返す行為のように，民法上保護されない不法な占有の侵害についての対応で異なるのです。

　本権説は，民法上保護されない権利を刑法上保護する必要はないと考えるのに対して，占有説は，本権を保護するだけでは，経済取引や財産管理の形

態が複雑化している今日の社会において，十分な財産秩序の維持を図れないと考えます。

### (2) 平穏な占有説

判例は，占有説を支持しています（最判昭和35年4月26日刑集14巻6号748頁）。ただし，占有説を突き詰めると，窃盗犯人が一度奪った財物を被害者が取り戻す行為も，占有侵害ということになり，あまりに妥当性を欠いた結論になってしまいます。そこで，占有状態であれば，無条件に保護されるわけではなく，「平穏な占有」（一見したところは合法に見える占有状態）のみが保護されるとする平穏な占有説が，学説上は通説化しています。

## 3 窃盗罪の標的（客体）

他人の物を盗むという犯罪が成立したかどうかは，一目瞭然のように思えますが，窃盗罪という犯罪の成立要件を詳しく分解してみると，そうでもないことが分かります。

たとえば，窃盗罪の標的（客体），つまり盗む「物」とは，どのような性質をもっているべきなのでしょうか。この点について，一般的には，「他人の占有する他人の財物」と説明されます。ここで大切なのは，①他人が「占有」しているという点と②「財物」であるということです。

### (1) 「占有」の意義

このうち，①他人が「占有」しているという点については，他人を排除して自らの支配下におくという意思（排他的支配の意思）と現に物理的な支配力が及んでいるという事実（排他的支配の事実）の両方がなければなりません。したがって，占有を離れた他人の物を奪っても，窃盗罪は成立せず，遺失物横領罪（254条）の成否が問題になるにとどまります。

占有の有無の判断は，事案ごとに個別具体的に行うほかありませんが，過去の裁判例を見ると，①自宅の前に駐輪しておいた自転車（福岡高判昭和30年4月25日高刑集8巻3号418頁），②バスの行列中に足下に置き，失念して放置したまま20メートル先に進んでしまったカメラ（最判昭和32年11月8日刑集11巻12号3061頁），③駅の窓口に忘れた財布（東京高判昭和54年4月12日月報11巻4号277頁）などについて，なお持ち主自身の占有が認められたほか，④ゴルフ場の

ロストボール（最決昭和62年4月10日刑集41巻3号221頁）についてゴルフ場の占有が，⑤旅館の忘れ物（大判大正8年4月4日刑録25輯382頁）について旅館の占有が，それぞれ認められています。

> **死者の占有**　当然のことですが，排他的支配の意思や排他的支配の事実をもつことができるのは，生きている人に限られます。したがって，死者が身につけていた物を奪った者には，遺失物横領罪が成立するに過ぎません。しかし，この考え方を突き詰めていくと，人に傷害を負わせて，抵抗できなくさせて，財産を奪うと，強盗致傷罪が成立しますが，人を殺した後に，財産を奪う意思が生じ，これを実行しても，殺人罪と遺失物横領罪が成立することになってしまいます。このように重い行為に出た方が，評価が軽くなる可能性があるという矛盾を解消するため，判例は，「被害者が生前有していた財物の所持はその死亡直後においてもなお継続して保護する」という姿勢を明確にしています（最判昭和41年4月8日刑集20巻4号207頁）。

### (2) 財　物

刑法235条には，窃盗罪の標的（客体）は，「他人の財物」であると明確に規定されています。では，ここでいう「財物」とは，どのようなものを指すのでしょうか。この点について，旧刑法の時代の電気窃盗の事案を扱った大審院の判例は，「管理可能なもの」と判断しました（大判明治36年5月21日刑録9輯874頁）。これに対して，学説上の通説は，①「財物」という言葉の意味，②「財物」とは別に「財産上の利益」を保護している刑法の趣旨，③民法における「財物」の意義との統一などを根拠に，刑法上の「財物」は，物理的に空間の一部を占める「有体物」に限定されるべきと主張しています。

現行刑法には，「電気は，財物とみなす」（245条）という規定がありますから，両者の見解で差が生じるのは，電気以外のエネルギーの場合です。熱や原子力などのエネルギーは，管理可能ですが，有体物ではありません。そこで，これらを盗んで利用する行為に窃盗罪が適用可能かどうかが問題となるわけです。

## 4　窃盗罪の未遂と既遂
### (1) 窃　取

窃盗罪は，他人の財物を「窃取」したときに成立します。「ひそかにとる」という文言から明らかなように，相手に気づかれないうちに奪うことが典型

例ですが，法的には，占有者の意思に反して財物に対する占有者の占有を排除し，目的物を自己または第三者の占有に移すこと（最決昭和31年7月3日刑集10巻7号955頁）を意味します。これに当てはまれば，方法や手段に制限はありません。

### (2) 未遂と既遂

窃盗罪は，未遂も処罰されます（243条）。そこで，どの段階で，実行の着手があったと評価されるかが，重要な意味をもつことになります。この点について，判例は「他人の財物に対する事実上の支配を侵すに付き密接なる行為」をしたとき（最判昭和9年10月19日刑集13巻1473頁）と述べました。具体的には，侵入盗の事案について，電器店に忍び込んだ犯人が，なるべく現金を盗みたいと思い，店内にあったたばこ売り場に行きかけた時点で，窃盗の着手行為があったとされています（最決昭和40年3月9日刑集19巻2号69頁）。これは，物色より前の段階で着手を認めたものであり，かなり早い段階で，窃盗罪の実行の着手と評価する判例の姿勢を明確にしたものと解されています。

他方，既遂は，占有を取得したときに達すると解されています（最判昭和23年10月23日刑集2巻11号1396頁）。

### 5 不法領得の意思
### (1) 判 例

判例は，窃盗罪の主観的構成要件として，故意とは別に，不法領得の意思を要求しています（大判大正4年5月21日刑録21輯663頁）。これは，現行刑法が，効果的な財産保護を図るため，人の財物の占有を侵害するにあたって，壊す目的よりも，自分の物のように使う目的の方を強く禁止していることから導き出される結論です。

窃盗罪の不法領得の意思について，判例は，「権利者を排除して，他人の物を自己の所有物として，その経済的用法に従い，利用処分する意思」と解しています（前掲大判大正4年5月21日）。これを整理すると，①権利者を排除して本権者として振る舞う意思と②物の経済的用法に従い利用処分する意思に分けることができます。

### (2) 一時窃盗と隠匿目的窃盗

判例の立場に立ち，窃盗罪の成立に，不法領得の意思を要求すると，一時使用のため他人の財物を自己の占有に移す行為には，権利者を排除する意思がないため，窃盗罪は成立しないことになります（大判大正9年2月4日刑録26輯26頁）。また，毀棄・隠匿目的で他人の財物を自己の占有に移す行為についても，経済的用法に従い，利用・処分する意思がないため，窃盗罪は成立しないことになります（前掲大判大正4年5月21日）。

しかし，現実には，無断での自動車の一時借用についても，ガソリンが減り，タイヤが摩耗するなどの財産減少が認められれば，たとえ短時間でも，権利者を排除していたと評価することができるでしょう。目減り，摩耗，劣化などが起こらない短時間の借用でなければ，ここでいう一時使用には当たらないというわけです。

また，毀棄・隠匿目的の場合には，窃盗罪は成立しませんが，利用・処分する意思とは，必ずしも厳格な意味での経済的用法での利用・処分に限定せず，財物のもつ利益や効用を享受する意思であればよいと解されます。したがって，木材を係留する目的で電線を切り取った場合（最決昭和35年9月9日刑集14巻11号1457頁）や性的目的で下着を盗んだ場合（最決昭和37年6月26日集刑143号201頁）にも窃盗罪は成立します。

### 6 不動産侵奪罪

財物の定義には，不動産も含まれます。したがって，不動産に対する窃盗も，理論上は，あり得ます。しかし，現実には，適用例はありませんでした。これは，土地は，移動しない以上，民事的な救済によって保護が図られるべきとの認識に基づいた対応と理解することができるでしょう。

ところが，戦後，都市部を中心に，土地の不法占拠が横行したことから，本当の権利者を保護するため，刑法の介入の必要性が自覚されるようになり，1960（昭和35）年の刑法改正において，境界損壊罪（262条の2）と併せて，不動産侵奪罪（235条の2）が新設されました。

不動産侵奪罪の構成要件の意義は，客体が，不動産に限定される点を除いて，窃盗罪と同じく解されています。したがって，たとえば，「侵奪」とは，

窃取の場合と同様に，占有を奪うことであり，他人の占有を排除して，自己の占有を設定することを意味します。

### 7　親族相盗例
#### (1)　親族相盗例の意義
窃盗罪と不動産侵奪罪は，配偶者，直系血族，同居の親族との間で犯された場合には，刑が免除され（244条1項），その他の親族との間で犯された場合には，親告罪とされています（244条2項）。

こうした規定の趣旨は，親族の財産の管理や消費が，一体的になされるケースが少なくないことに着目し，親族間の財産秩序は，親族間で維持・解決することが望ましいという政策的な配慮から，「法は，家庭に入らず」，国家刑罰権による干渉を控えることにあります。

#### (2)　親族相盗例の効果
244条は，親族を近い親族と遠い親族の2種類に分け，近い親族の窃盗や不動産侵奪については不可罰とし，遠い親族の窃盗や不動産侵奪については親告罪としています。ここでいう不可罰とは，犯罪は成立しているが，処罰を免除されるという意味と解されています（一身的処罰阻却事由）。

ただし，告訴がないことを前提にしてみると，近い親族は，起訴され，処罰されないだけなのに対して，遠い親族は，起訴すらされず，効果に不均衡が生じてしまいます。このため，学説においては，近い親族についても，起訴された場合には，裁判所は，刑事訴訟法339条1項2号に準じた公訴棄却の決定によって，遠い親族の場合との不均衡を是正すべきとの主張もなされています。

## 第8講
# 財産犯罪（その2）
―― 強盗・詐欺・恐喝 ――

## I 強盗罪

　強盗罪は，被害者の意思に反して，財物の占有を移転する点では，窃盗罪と共通しています。しかし，その手段として，相手が反抗できないほどの暴行・脅迫を用いる点で，大きく異なります。こうした手段の違法性も高いことから，強盗罪の法定刑は，5年以上の有期懲役と高く設定されているのです（236条）。

### 1　強盗罪の実態
### (1)　強盗罪の量的推移
　強盗罪の認知件数は，戦後すぐの1948（昭和23）年に，1万854件とピークに達した後，減少に転じ，1989（平成元）年までは，長期に渡って減少傾向を示していました。ところが，1990年代を迎えると，漸増傾向を示すようになり，2003（平成15）年には，7,664件を記録しました。しかし，その後は，再度減少に転じ，2012（平成24）年は，3,658件と，10年前のピーク時の47.7％にまで減りました（図22参照）。
　強盗罪の中でも，凶悪性の高い強盗致死罪，強盗致傷罪および強盗強姦罪の推移を見てみると，従来は，強盗罪の推移ほど大きな変動は見られなかったことに気が付きます。こうした特徴は，強盗致死罪と強盗強姦罪については，今日でも当てはまりますが，強盗致傷罪には当てはまりません。1990年代半ば頃から増加傾向が顕著になり，2003年には，10年前の3倍以上の3,119件を記録しました。その後は，減少に転じ，2012年は1,290件と，2003年の4割程度になっています（図23参照）。

98　第8講　財産犯罪（その2）

**図22　強盗罪の認知件数の推移**

1948年（10,854件）
2003年（7,664件）
1989年（1,586件）
2012年（3,658件）

**図23　強盗に伴う身体犯の認知件数の推移**

強盗致死　　強盗致傷
強盗強姦

2003年（3,119件）
1995年（926件）
1990年（671件）
2012年（1,290件）

また，過去10年ほどの間にも問題化しているのが，深夜の「コンビニ強盗」です。1999（平成11）年に年間340件だったこの種の強盗の認知件数が，2003年には2倍超える742件に達したのです。その後は，他の強盗の認知件数と同様に，減少傾向を示していましたが，2009年には，再び前年比で286件増加の897件（前年比146.8%）を記録し，その後も，毎年600件台から700件台で推移しています。2012年は626件でした。

## （2） 強盗罪の質的特徴

同じ凶悪犯でも，殺人罪や傷害罪に比べて，強盗罪では，加害者と被害者

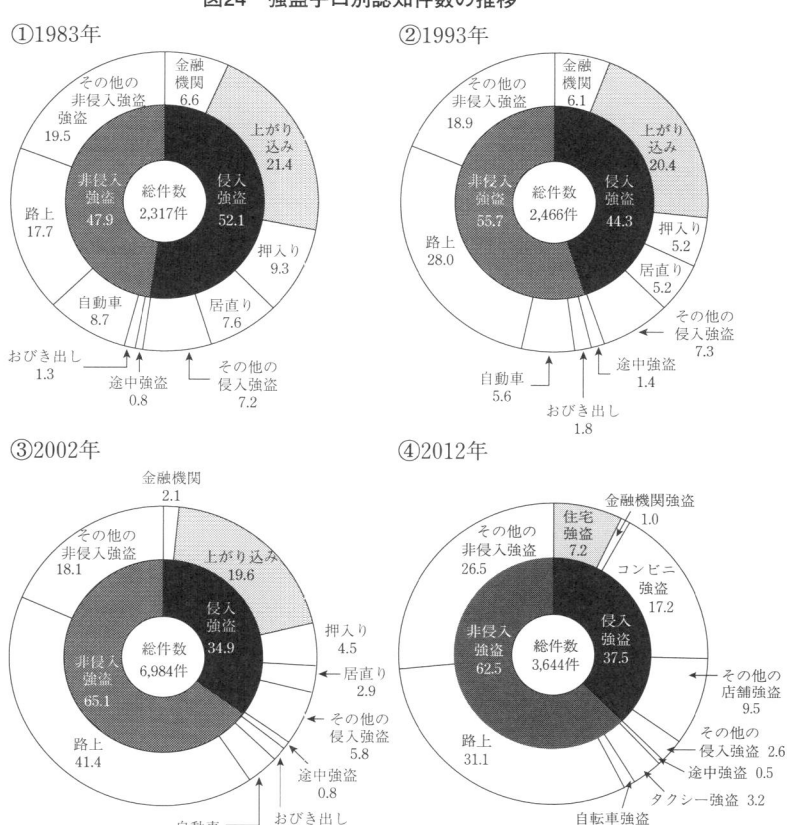

**図24　強盗手口別認知件数の推移**

① 1983年
- 金融機関 6.6
- 上がり込み 21.4
- 侵入強盗 52.1
- 押入り 9.3
- 居直り 7.6
- その他の侵入強盗 7.2
- 途中強盗 0.8
- おびき出し 1.3
- 自動車 8.7
- 路上 17.7
- 非侵入強盗 47.9
- その他の非侵入強盗 19.5
- 総件数 2,317件

② 1993年
- 金融機関 6.1
- 上がり込み 20.4
- 侵入強盗 44.3
- 押入り 5.2
- 居直り 5.2
- その他の侵入強盗 7.3
- 途中強盗 1.4
- おびき出し 1.8
- 自動車 5.6
- 路上 28.0
- 非侵入強盗 55.7
- その他の非侵入強盗 18.9
- 総件数 2,466件

③ 2002年
- 金融機関 2.1
- 上がり込み 19.6
- 侵入強盗 34.9
- 押入り 4.5
- 居直り 2.9
- その他の侵入強盗 5.8
- 途中強盗 0.8
- おびき出し 1.5
- 自動車 3.3
- 路上 41.4
- 非侵入強盗 65.1
- その他の非侵入強盗 18.1
- 総件数 6,984件

④ 2012年
- 金融機関強盗 1.0
- 住宅強盗 7.2
- コンビニ強盗 17.2
- 侵入強盗 37.5
- その他の店舗強盗 9.5
- その他の侵入強盗 2.6
- 途中強盗 0.5
- タクシー強盗 3.2
- 自転車強盗 1.2
- 路上 31.1
- 非侵入強盗 62.5
- その他の非侵入強盗 26.5
- 総件数 3,644件

の面識率が低いという特徴が見られます。2008年のデータでは，強盗の検挙事件2,474件のうち，面識なしが80.0％にのぼり，面識があったのは，11.2％（うち親族が1.0％）にすぎませんでした。

また，犯行の場所や手口についてみると，金融機関に対する強盗の割合が顕著に減少するなど，侵入強盗の比率が低下し，路上強盗を中心に，非侵入強盗の占める割合が増加していることが分かります（図24参照）。強盗の手段として，武器を使用しないケースが約半数で，2012年の場合は，49.5％でした。使用したケースでは，刃物類が最も多く33.9％で，銃器や刀剣類は0.2％と0.3％にとどまっています。

このほか，犯行時間帯では，夜間構成比（22時から翌日6時までの割合）が漸増し，1983（昭和58）年が42.0％，1993（平成5）年が46.8％であったのに対して，2012年は，48.4％でした。

## 2　暴行・脅迫と強取

強盗罪は，暴行・脅迫を用いて他人の財物を強取することによって成立する犯罪です。このうち，暴行・脅迫に着手すれば，強盗の実行の着手があったと評価され，未遂罪が成立します。また，既遂段階に至るのは，財物の占有が移転されたときと解されています。

### (1)　暴行・脅迫

強盗罪の手段としての暴行・脅迫は，相手の反抗を抑圧する程度の強度を要求されます（最判昭和24年2月8日刑集3巻2号75頁）。そのような程度に達していたかどうかの判断は，一般人を基準になされることになります。したがって，一般人なら反抗を抑圧される程度の暴行・脅迫を加えられていたのに，被害者が豪胆な性格であったため，抑圧されていなかったという場合は，強盗罪の手段としての暴行・脅迫として十分足りることになります。逆に，相手が臆病であったために，一般人なら反抗を抑圧されない程度の軽い暴行・脅迫で抑圧されてしまった場合には，強盗の手段の暴行・脅迫としては認められません。ただし，加害者が，相手方が，豪胆であることや臆病であることを知っていた場合には，その基準で評価されることになります。

## (2) 強取

　強取とは、相手方の意思によらず、財物を自己または第三者の占有に移すことを言います。強取があったと認められるためには、暴行・脅迫と財物の占有移転の間に因果関係が必要です。また、暴行・脅迫の時点で、財物奪取の意思が必要です。

　したがって、①暴行によって反抗を抑圧してから財物奪取の意思を生じた場合には、暴行罪＋窃盗罪が成立することになります（東京高判昭和48年3月26日高刑集26巻1号85頁）。②相手方を殺害後、財物奪取の意思を生じた場合には、殺人罪＋窃盗罪が成立することになります（最判昭和41年4月8日刑集20巻4号207頁）。これに対して、強姦後相手方の畏怖に乗じ財物奪取の意思を生じた場合について、裁判例の中には、強姦罪＋強盗罪の成立を認めたものがあり（東京高判昭和57年8月6日判時1083号150頁）、学説から、①や②のケースとの矛盾が指摘されています。

## 3　強盗利得罪
### (1)　財産上の利益

　窃盗罪とは異なり、強盗罪には、財物だけでなく、財産上の利益を客体とする強盗利得罪が規定されています（236条2項）。本罪で保護されるのは、一応適法と見られる利益です。したがって、売春代金のように、公序良俗に反することが明らかな債務は刑法上保護に値しないものと考えられています（広島地判昭和43年12月24日判時548号105頁）。

### (2)　処分行為の要否

　客体が財物の場合と違い、形のない財産上の利益を得たといえるか否かは必ずしも明確ではありません。そこで、かつて強盗利得罪が既遂となるためには、処分行為として、財産上の利益を提供するという被害者の明確な意思表示が必要でないかが問題となりました。判例にも、これを必要とする立場を採るものが存在しました（大判明治43年6月17日刑録16輯1210頁）。しかし、強盗罪の場合、暴行・脅迫によって意思表示の自由を奪われており、処分行為としての意思表示を要求することは、処罰範囲を不当に狭めるおそれがあることから、現在では、処分行為は不要との立場が判例・通説となっています

(最判昭和32年9月13日刑集11巻9号2263頁)。

### (3) 強盗利得罪の限定

　処分行為としての意思表示が必要であるという考え方の根拠は，これを不要とすると，処罰範囲が不明確になってしまうという点にありました。したがって，判例のように，処分行為を不要とすると，処罰範囲が不当に拡張されるおそれがあります。そこで，判例は，強盗利得罪の成立に，暴行・脅迫によって現実に財産上の利益を取得するか，少なくとも利益の取得を現実に可能にするものであることを要求し，処罰範囲の限定を図っています。このため，相続財産を得る目的で，推定相続人が被相続人を殺しても，単に相続人としての地位を得たに過ぎないときには，財産上の利益の取得が現実のものとなっていないので，強盗殺人罪は成立しません（東京高判平成元年2月27日高刑集42巻1号87頁）。

## 4　準強盗罪

### (1)　事後強盗罪

　窃盗犯人が，①盗んだ物を取り返されることを防ぎ，②逮捕を免れ，または③罪責を隠滅するため，暴行や脅迫をしたときには，強盗としての法定刑を適用されます（238条）。この規定は，窃盗犯人が現場を離れる際に，暴行・脅迫を行う可能性が高い実態に着目し，人身の安全保護の観点から窃盗犯の暴行・脅迫を強盗に準じる犯罪としたものです。

　事後強盗は，窃盗犯のみが実行可能な犯罪ですが，ここでいう窃盗犯には，既遂犯だけでなく，未遂犯も含まれます。また，窃盗の機会とは，窃盗の現場のほか，現場の継続的延長と見られる場所を含みます（広島高判松江支判昭和25年9月27日判特12号106頁）。

### (2)　昏酔強盗罪

　財物を奪うために，相手方の反抗を抑圧する手段としては，暴行・脅迫のほか，麻酔薬や睡眠薬を使用するなどして相手の意識を不確実にする方法もあります。手段は異なりますが，悪質性については，強盗罪に勝るとも劣りません。そこで，現行刑法は，こうした行為を強盗に準じる犯罪としています（239条）。

したがって、昏酔強盗罪の実行行為は、人を昏酔させて財物を盗取することです。ここでいう「昏酔させ」とは、意識作用に障害を生じさせることを言います。

前述したように、強姦罪についても、準強姦罪が規定されています。ただし、準強姦罪の場合は、相手を錯誤に陥れる方法も含まれていましたが、財産犯の場合、錯誤に陥れて、財物を交付させる行為は、詐欺罪を構成することになります。

## II　詐欺罪

詐欺罪は、窃盗罪と並んで、典型的な財産犯罪と考えられています。しかし、実は、現在のような形で詐欺が犯罪とされるようになったのは、比較的新しい時代（19世紀）になってからだそうです（木村〔2000〕12頁）。その意味では、詐欺罪は、紀元前の時代から存在した窃盗罪とは大きく異なるといえるでしょう。

財産を騙し取ることが、犯罪になることは、当然と考える人が多いのではないでしょうか。しかし、実際には、「違法な詐欺行為」と「好ましくはないが、違法とまではいえない商取引上の駆け引き」などとの境界はそれほど明確ではなく、詐欺罪の適用には難しい問題が存在します。

また、財産の管理形態や経済活動の多様化が進んだ今日、財産を騙し取る方法も多様化しています。たとえば、近年社会問題化している「振り込め詐欺」などです。さらに、「悪徳商法」に象徴されるさまざまな詐欺的であるが、詐欺そのものとは評価できない行為に対抗するため、最近では、多くの特別法も整備されています。

### 1　詐欺罪の実態

詐欺罪の認知件数の推移をみると（図25参照）、終戦直後に急増し、1950（昭和25）年に18万7,528件とピークに達した後、急激に減少しました。しかし、1970年代半ば以降、クレジットカードを用いた事案が増加し、詐欺罪全体の認知件数も増加に転じました。1980年代後半以降再び減少に転じた

## 図25　詐欺罪の認知件数の推移

（グラフ：1945年から2012年までの詐欺罪認知件数の推移）
- 1950年（187,528件）
- 2004年（83,015件）
- 2005年（85,596件）
- 2012年（3,0678件）

後，1990年代以降は4万5,000から5万件の間で，ほぼ横ばいで推移していましたが，2004（平成16）年には，8万3,015件で，前年比2万2,717件（37.7％増）という急激な増加を記録しました。翌2005（平成17）年も，さらに増加し，8万5,596件となりましたが，翌年からは，また減少に転じ，2012（平成24）年は3万678件にまで減少しました。

## 2　詐欺罪の基本構造

### (1)　詐欺罪の保護法益

詐欺罪の保護法益は，個人の財産です。ここでいう財産は，個別財産であることは，すでに述べたとおりです。

詐欺罪の保護法益が，個人の財産であるとすると，国や地方公共団体を被害者とする詐欺罪が成立するのかという問題が生じてきます。この点について，判例は，古くから詐欺罪の成立を肯定しています（大判昭和18年12月2日刑集22巻285頁）。

### (2)　4つのプロセス

詐欺罪の構成要件を整理すると，その成立のためには，表の①～④のプロ

表7　詐欺罪成立のプロセス

| | |
|---|---|
| ①欺く行為 …………………………………「うまい儲け話がある」とXがVをだます。 | |
| ②相手方の錯誤 …………………………………………Xの言葉にVがだまされる。 | |
| ③錯誤に基づく財産の交付行為 ……………………VがXの言葉を信じてお金を渡す。 | |
| ④財物の占有の移転 ……………………………………XがVからお金を受け取る。 | |

セスを経ていることが必要とされる構造になっていることが分かります（**表7**参照）。

このうち，①欺く行為とは，財物を交付させるために，相手を錯誤に陥らせる行為を意味します。詐欺のプロセスの最初の段階である欺く行為が開始されれば，未遂犯として処罰される実行の着手があったと考えられます（最判昭和26年5月8日刑集5巻6号1004頁）。取引上の駆け引きとして許される誇張や事実の歪曲との境界は，通常，相手方が錯誤に陥らない程度かどうかという点に求められています（最決平成4年2月18日刑集46巻2号1頁）。欺く行為には，積極的にウソをつくような作為だけでなく，「釣り銭詐欺」のように，お釣りが多いことに気付きながら，これを告げなかったような不作為も含まれます。

②相手方の錯誤とは，相手方が真実と知れば，財物の交付をしない事実について，真実とは異なる理解をしていることを言います。その際，相手方が，どのように勘違いしているかは，問題になりません。錯誤に陥ることができるのは，自然人だけであることから，機械を相手方とした詐欺罪は認められません。

③交付は，錯誤に基づく交付意思によって行われなければなりません。したがって，交付の意思を欠く幼児や高度の精神障害者を欺いて，財物を奪っても，詐欺罪は成立せず，窃盗罪の成否が問題になるに過ぎません。

④財物の占有の移転には，交付との因果関係が認められなければなりません。詐欺罪は，占有の移転があって，初めて既遂に達すると解されています。

## 3　詐欺利得罪
### (1)　詐欺罪との相違点

被害者を欺き，錯誤に陥れることによって，財物の交付を受ける代わりに，代金の支払いを免除してもらったり，猶予してもらうといった財産上の

利益について処分行為を受けると、詐欺利得罪（2項詐欺罪）が成立します。つまり、詐欺利得罪では、詐欺罪の成立に必要とされる①〜④のプロセスのうち、①と②は同様で、③交付行為が処分行為に代わり、④財物の占有の移転が問題とならないのです。

### (2) 処分行為の存否

ただ、処分行為が存在したと評価できるかどうかの判断は、容易ではありません。たとえば、旅館の宿泊客が宿泊代金を支払うときに、財布をもっていないことに気付き、「ちょっと散歩に行ってくる」と旅館の従業員に告げ、そのまま逃げてしまったという事案の場合、旅館の従業員は、外出を了承したに過ぎず、代金の支払いを免除するという明示の意思表示をしたわけではありません。その意味では、処分行為はなかったことになるのです。

判例は、利益窃盗を不可罰とする立法趣旨を尊重し、この結論を支持しています（最決昭和30年7月7日刑集9巻9号1856頁）。しかし、これでは詐欺利得罪の典型例を処罰範囲から外すことになります。そこで、学説上は、黙示の無意識的な処分行為も処罰範囲に含むべきとの主張が有力化しています。

**振り込め詐欺** 近時、社会的に大きな問題になっているのが、「振り込め詐欺」です。振り込め詐欺は、①独居老人などに、親族を装って電話をかけ、トラブルに巻き込まれたといった相談を持ちかけて、予め用意しておいた架空名義の口座に金銭を振り込ませる「オレオレ詐欺」から火が付き、その後、②郵便や電子メールを用い、架空料金の請求をして、架空名義の口座に振り込ませる「架空請求詐欺」、③税務署や社会保険事務所からの連絡を装い、税金や医療費の還付に必要な手続と偽って、架空名義の口座に対して口座間送金をさせる「還付金詐欺」、④金融業者を装い、融資申込みをした者に、融資に際して必要な保証金などの名目で架空名義の口座に振り込ませる「融資保証金詐欺」など、手段の多様化が急速にすすみ、被害の拡大を招きました。架空名義の口座や携帯電話が使用されるため、犯人の特定や身柄確保が難しいことから、最近では、暴力団などによる組織的な犯行も少なくありません。振り込め詐欺の取締り強化のため、2004（平成16）年に、金融機関等の顧客等の本人確認等に関する法律の改正により、預金通帳などの不正売買が犯罪化され、罰則が設けられました（同罪は、犯罪による収益の移転防止に関する法律に引き継がれました）。また、2005（平成17）年には、携帯電話の不正使用を防ぐため、携帯電話の不正売買を犯罪化し、罰則を設けた「携帯音声通信事業者による契約者当の本人確認等及び携帯音声通信役務の不正な利用の防止に関する法律」が制定されました。しかし、2008（平成20）年の振り込め詐欺の認知件数は、なお2万件を超えるなど、鎮圧するには至っていません（NHKスペシャル職業"詐欺"取材班〔2009〕）。

## III 恐喝罪

　恐喝罪は，暴行・脅迫を手段とする点で，強盗罪と共通しますが，その程度が，相手方を畏怖させる程度にとどまる点で異なります。むしろ恐喝罪は，手段は異なりますが，相手方が，本意ではないものの，自らの意思で財物を交付する場合に成立する点で，詐欺罪と似ています。このため法定刑は，10年以下の懲役と強盗罪より低く，詐欺罪と同じに設定されています。

### 1　恐喝罪の実態
#### (1)　認知件数の推移
　恐喝罪の認知件数の推移をみると，1950（昭和25）年まで急増した後，一度は減少に転じましたが，1953（昭和28）年から再び増加に転じ，1959（昭和34）年から1964（昭和39）年までは，4万件台で推移しました。その後は，1980（昭和55）年まで減少傾向を示した後，1995（平成7）年まで1万件台の中で増減を繰り返していましたが，1996（平成8）年以降，急激な増加傾向を見せ，2001（平成13）年には，1万9,566件を記録しました。しかし，その後，減少に転じ，2012（平成24）年の認知件数は2001年のほぼ5分の1の4,172件でした（図26参照）。

#### (2)　恐喝罪の変化
　最近の恐喝罪の増加傾向について，2つの点が指摘されています。1つは，少年に対する取締りの強化で，従来より，認知率が上がっているという点で，もう1つは，従来なら，恐喝罪としてカウントされていた「カツアゲ」や「オヤジ狩り」の一部が，強盗罪でカウントされているという点です（河合〔2004〕66頁）。前者は，増加要因で，後者は，減少要因と言うことになります。したがって，この指摘が正しいとすれば，恐喝罪は，認知件数に現れている以上に，増加していることになります。

### 2　恐喝罪の基本構造
　恐喝罪は，暴行・脅迫を手段としますが，その程度が軽いケースを想定し

図26　恐喝罪の認知件数の推移

1961年（45,306件）
2001年（19,566件）
2012年（4,172件）

表8　恐喝罪の成立プロセス

①恐喝行為 …………………………………………「財布を渡せ」とXがVを脅す。
②相手方の畏怖 ……………………………………Xの言葉をVが怖がる。
③畏怖に基づく財産の交付行為 ………………VがXの言葉を怖がって，財布を渡す。
④財物の占有の移転 ………………………………XがVからお金を受け取る。

ているため，借金の取立てなど，日常的な活動で許される行為との区別をはっきりとさせておく必要があります。そこで，恐喝罪は，詐欺罪と類似した4つのプロセスを経ることを成立要件としています（表8参照）。

　この4つのプロセスには，詐欺罪と共通する点が多くあります。①恐喝の手段としての暴行・脅迫は，相手方を畏怖させる程度であれば足り，内容や方法について，とくに限定はありません。したがって，貸しているお金の返済を求める際に，「さっさと返済をしないと，痛い目に遭わせるぞ」などと脅すことも，恐喝行為にあたります。財物の奪取の目的で，暴行・脅迫を行った段階で，恐喝罪の実行の着手が認められ，その後，財物の奪取に失敗したとしても，未遂として処罰されることになります。これに対して，既遂

は，④財物の占有が移転した段階で認められることになります。

## 3 恐喝利得罪

　強盗罪や詐欺罪と同様に，恐喝罪も，財産上の利益を客体とする2項が定められています。恐喝罪と恐喝利得罪の違いは，①客体が，財物ではなく，財産上の利益である点と②相手方の行為が，交付行為ではなく，処分行為になる点であることも，詐欺罪と詐欺利得罪の関係と同じです。

　しかし，処分行為に関して，黙示の処分行為を認めるかという点について，判例は，詐欺利得罪と異なり，黙示の処分行為を肯定しています（最決昭和43年12月11日刑集22巻13号1469頁）。これは，実際の恐喝利得のケースにおいて，畏怖によって利益移転を黙認する事案が多いと考えられることに起因しています。つまり，ここでは，詐欺利得罪よりも，強盗利得罪との共通性が認められているわけです。しかし，前述したように，恐喝利得罪は，強盗利得罪よりも，詐欺利得罪との共通性が認められる犯罪であることから，処分行為の要否についての判断の違いは，矛盾であるとの批判も少なくありません。

# 第9講
# ビジネス犯罪

## I　ビジネス犯罪の意義

　現行刑法は，これまでに見てきた窃盗罪，強盗罪，詐欺罪，恐喝罪のほかにも，財産犯罪として，横領罪や背任罪を規定しています（さらに，盗品等関与罪や器物損壊罪もあります）。

　横領罪と背任罪は，必ずしも同じ性質の犯罪ではありません。しかし，遺失物等横領罪以外の横領罪と背任罪は，いずれも被害者の信頼を裏切り，被害者に経済的な損害を与える点で共通しています。このため，今日，横領罪や背任罪は，企業の経営者や従業者が，企業の財産に損害を加えるビジネス犯罪として行われるケースが増えています。

　ビジネス犯罪には，横領罪や背任罪のように刑法に定められた犯罪のほか，会社法，金融商品取引法，私的独占の禁止及び公正取引の確保に関する法律（独占禁止法）など企業活動を規制する法律の罰則規定に違反する罪も含まれます。これらの犯罪は，個人や企業の財産だけでなく，自由市場経済秩序という社会法益を保護するために設けられたものですが，最近の経済活動の社会的影響の増大にともなって，ますますその重要性が高まっています。

## II　横　領　罪

### 1　横領罪の特徴
#### (1)　横領罪の種類

　横領罪は，①単純横領罪（252条），②業務上横領罪（253条），③遺失物等横領罪（254条）によって構成されています。このうち，単純横領罪と業務上横

領罪は，他人から預かったお金や物などの財物を着服してしまう犯罪で，後者は，業務として財物を預かるという立場の重要性を根拠に，前者よりも法定刑が重く設定されています。これに対して，遺失物等横領罪は，落とし物や忘れ物など，持ち主の占有を離れた財物を着服してしまう犯罪です。このように，①単純横領罪・②業務上横領罪と③遺失物等横領罪では，性質がかなり異なっています。しかし，いずれも，財物を着服してしまう際に，被害者の占有を侵害しない点で共通することから，横領罪として一緒に規定されているのです。

### (2) 横領罪の法定刑

単純横領罪は，法定刑の上限が，懲役5年に設定されており，窃盗罪や詐欺罪の懲役10年に比べると低くなっています。これは，客体が，「他人が占有している財物」ではなく，「はじめから預かっていた物」である点で，誘惑的であることから刑法上の非難が弱く，被害者から奪い取るのではなく，着服するという点で，違法評価も高くないことに根拠が求められています。つまり，「預かっている物やお金を使い込んでしまうのは，悪いことだとしても，人から奪い取るよりはましだし，預けた人にも，そんな人に預けたという責任がある」という価値観が，法定刑から窺えるのです。

## 2 横領罪の実態

### (1) 認知件数の推移

横領罪の認知件数の推移をみてみると（図27参照），1940年代に急増し1950（昭和25）年にピークに達した後，1970（昭和45）年まで長期に渡って急激に減少しています。しかし，翌年から増加に転じると，その後は，増減をくり返しながらも，長期的には増加傾向を示しています。とくに2000（平成12）年以降は急激に増加し，2004（平成16）年には，10万4,412件で，前年比13.1％の増加を記録しました。しかし，その後は，減少に転じ，2012（平成24）年は，4万1,433件と8年前の半数以下まで減少しました。

### (2) 横領罪の種類別の推移

1971（昭和46）年以降，横領罪の認知件数が増加した原因は，遺失物等横領罪の増加にあります。それまで，2,000件台までで推移していた遺失物等

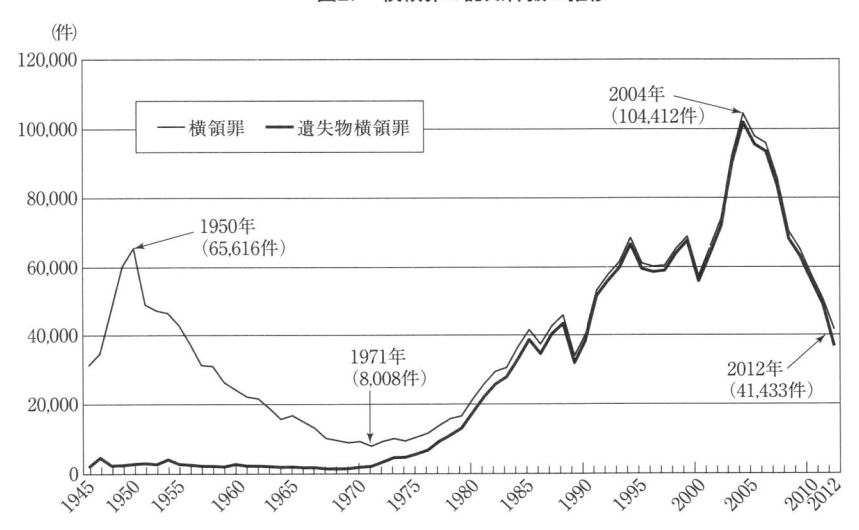

図27 横領罪の認知件数の推移

横領罪の認知件数が，1972（昭和47）年に3,382件を記録すると，翌年には4,674件，1975（昭和50）年には5,692件を記録し，その後も，急増していったのです。逆に，単純横領罪と業務上横領罪の認知件数は，長い間，減少傾向にありました。2001（平成13）年の1,995件を底にして増加に転じ，その後は3年連続で増加し，2004年には，2,543件（前年比16.5％の増加）を記録しましたが，翌年からは，再び減少に転じ，2012年の認知件数は，4,741件にとどまりました。

## 3 横領罪の構成要件
### (1) 横領罪の保護法益

単純横領罪や業務上横領罪の場合，委託によって「物」の占有は行為者に帰属しています。したがって，行為者が，「物」を着服しても，占有の侵害は生じません。ここから明らかなように，横領罪の保護法益は，窃盗罪をはじめとした奪取罪とは異なり，「物」に対する所有権に限定されます。

### (2) 横領罪の客体としての「物」

他方，252条には，横領罪の標的（客体）に財産上の利益を含む規定があり

ません。また、電気を「財物」とみなす245条の規定は、横領罪には準用されておらず、252条以下の横領罪の規定では、235条の窃盗罪などの場合に用いられている「財物」ではなく、「物」と明記されています。そこで、横領罪の客体は、窃盗罪の客体を「管理可能な物」と解するのか、「有体物」と解するのかに関わりなく、有体物に限定され、管理可能なエネルギーは含まれないと解されることになります。

### 4　単純横領罪（委託物横領罪）
#### (1)　横領罪の客体

横領罪の客体は、「自己の占有する他人の物」です。ここでいう「他人の物」とは、行為者以外の自然人や法人の所有に属すものの趣旨で、その判断は、民法上の所有権を前提に、刑法的な立場から、法律的・経済的な保護の必要性を考慮して行われます。

そこで、委託された金銭が、横領罪の客体になり得るかが問題となります。というのも、民事法上は、金銭について所有と占有は一致すると考えられており、金銭が委託され、占有が移転した場合、所有権も同時に移転すると解されているからです。

このため、不特定物として委託された（使途を限定されることなく、単に「預かっておいてくれ」と頼まれた）金銭を受託者が自己のために費消した場合、判例は、横領罪ではなく、背任罪の適用を問題にします（最判昭和29年11月5日刑集8巻11号1675頁）。これに対して、使途が定められた金銭について、判例は、所有権を委託者に認め、これを着服した場合について、横領罪の成立を肯定しています（大判大正3年12月12日刑録20輯2401頁）。

また、封をして現金を預けた場合には、保管を委託したに過ぎないため、中身の現金の所有権は、委託者に残り、これを着服すれば、横領罪が成立すると解されています。

#### (2)　横　領

横領罪における「横領」とは、自己の占有する他人の物について、不法領得の意思を実現するすべての行為を意味します。したがって、①一時使用目的の場合、②毀棄・隠匿目的の場合、③もっぱら委託者のための場合につい

ては，不法領得の意思が存在しないため，横領罪は成立しません（最決平成13年11月5日刑集55巻6号546頁）。領得の内容には，態様による限定はなく，権限を越えた処分行為の一切を指します。

## 5 業務上横領罪

業務上横領罪は，横領罪の身分による加重類型です。「業務」として，他人の物を占有する者の横領の容易性に着目して，これを抑止する趣旨から，刑罰が重くされています。

本罪の主体は，①占有者であり，かつ②業務者でもある人です。ここでいう「業務」とは，「職業上」という意味ではなく，「社会生活上の地位に基づき反復または継続して行われる事務」を指します。したがって，必ずしも営利的な活動であることは要しません（大判大正3年6月17日刑録20輯1245頁）。

## 6 遺失物等横領罪

前述したように，遺失物等横領罪は，落とし物や忘れ物など，誰の占有下にもない物を領得する犯罪です。したがって，信頼関係を壊すこともなければ，占有を侵害することもありません。物の持ち主の所有権を侵害した点に，その違法性が認められるにとどまります。このため，法定刑も，1年以下の懲役または10万円以下の罰金と低いものにとどまっています。

> **不動産の二重売買と横領罪** 不動産の二重売買の場合，売買契約の成立をもって所有権が買主に移転するので，契約成立後，所有権移転登記を完了する前の売主は，他人の物を占有していることになり，これを第三者に売却し，登記を完了すれば，横領罪を構成します。
>
> ところが，民法177条により，売主から不動産を購入し，登記を完了させた第2買主は，善意の場合はいうまでもなく，たとえ二重売買の事実を認識している悪意の場合にも，登記を経ることによって完全な所有権を取得し，第三者に対抗できるので，刑法上も，売主との間で横領罪の共同正犯や教唆犯が成立することはないとされています。これに対して，第2買主が，民法上正常な取引として許容される範囲を逸脱し，信義則に反する背信的悪意者と判断されれば，登記を経たとしても，所有権の取得を第三者に対抗できないので，横領罪の共同正犯や教唆犯に該当する場合があると解されています（佐伯・道垣内〔2001〕66頁）。

## III　背任罪

### 1　背任罪の特殊性
#### (1)　背任罪の性質
現行刑法では，背任罪は，第2編第37章「詐欺及び恐喝の罪」の中に規定されています。しかし，詐欺罪と恐喝罪は，被害者の本意でない同意とこれに基づく財産交付や処分行為を本質とする犯罪です。これに対して，背任罪は，被害者から財産管理上の事務を任された者（事務処理者）が，その信任に背く行為をして，被害者に財産上の損害を加えるという犯罪です。一種の「二項横領罪」の側面を有しているといえるでしょう。他方で，背任罪は，信任に背く行為として，財物を破壊する場合にも成立することから，毀棄罪としての一面も持ち合わせているといえます。

#### (2)　特別背任罪
背任罪の主体は，「他人のためにその事務を処理する者」です。こうした立場にあるのは，多くの場合，企業に勤務する人たちです。このため，背任罪は，企業で働く人のうち，財産管理上の事務を任されている者が，企業の財産に損害を与えた場合に適用される割合が小さくありません。

財産管理上の事務を委ねられている者のうち，取締役，執行役員，監査役，支店長など株式会社の経営に携わる者たちが，任務違背行為を行い，当該株式会社に財産上の損害を加えたときには，会社法960条以下の特別背任罪が適用されます（Ⅳ4(1)参照）。銀行の不正融資や採算性のない事業への投資などについて，経営者が刑事責任を問われるケースの多くはこれにあたります。

### 2　背任罪の実態
背任罪の認知件数は，1940年代後半に急増し，ピークの1949（昭和24）年と1950（昭和25）年には，2,242件と2,258件に達しましたが，その後急減し，1950年代半ば以降は，30年以上の長期にわたって，漸減傾向を示しました。1990（平成2）年以降は，50件前後で推移しています。2012（平成24）年の認

図28　背任罪の認知件数の推移

知件数は56件で，前年比150％の増加でした（図28参照）。

## 3　背任罪の特徴
### (1)　図利加害目的

　背任罪は，主観的構成要件要素として，故意のほかに，自己もしくは第三者に利益を図り，または本人に損害を加える目的（図利加害目的）の存在が必要とされます。この目的の役割は，貸し倒れを防止するための担保割れの融資やリスクをともなう冒険的取引など，今日の経済活動の中で「許容範囲」と理解されている行為を同罪の成立範囲から除くことにあります。しかし，これまで背任罪における図利加害目的の内容を具体的にどのように理解するのかという点に関して，判例は，必ずしも立場を明確にしていません（香城〔1988〕156頁）。

　ただし，従来の判例は，本人の利益を図る目的であった場合には，任務違背が行われても，背任罪が成立しないことを当然の前提としてきました（大判大正3年10月16日刑録20輯1867頁）。また，その一方で，主として自己または第

三者の利益を図る目的がある場合には、従として本人の利益を図る目的があったとしても、背任罪の成立は妨げられないとしています（最判昭和29年11月5日刑集8巻11号1675頁）。

### (2) 財産上の損害

背任罪の成立には、財産上の損害が発生する必要があります。ただし、前述したように、背任罪は、全体財産に対する罪であり、その「損害」の評価は、本人の財産状態全体について行うものとされています。このため、一面において損害が認められたとしても、他面においてこれに対応する反対給付がなされていれば、プラス・マイナスでゼロとなって、本人の財産全体には損害は発生していないことになり、背任罪は成立しないことになります。たとえば、不正融資をしても、それに見合う担保を確保していれば、背任罪にはならないのです。

かつての判例は、この「財産上の損害」の有無を法的・形式的見地から評価する傾向がありました（最判昭和37年2月13日刑集16巻2号68頁）。しかし、これでは、不正融資のケースで、形式上債権を有する限り、返してもらえる可能性がほとんどなくても、期日まで損害は発生していないことになるなど財産保護の観点から不都合がありました。そこで、現在は、「財産上の損害」の有無を経済的・実質的な見地から判断することが明確にされています（最決昭和58年5月24日刑集37巻4号437頁）。したがって、回収できる見込みがない者に無担保で金銭を貸し付けた場合、貸付と同時に財産上の損害が生じ、後日全額回収されても背任罪は成立することになります。

## IV 経済犯罪

### 1 経済犯罪の特徴

日本では、1993年の「バブル経済」の崩壊以後、さまざまな経済犯罪が明るみになり、こうした問題に対する社会の目が厳しさを増していきました。経済犯罪とは、独占禁止法、金融商品等取引法、会社法など、個人や企業の経済活動を規制するさまざまな法令の罰則規定に定められた犯罪の総称で

す。

　これらの犯罪は，しばしば保護法益が，「公正かつ自由な競争」，「証券市場の公正性」，「会社制度への社会の信頼」など抽象的な社会法益であるため，刑法による保護に馴染まないといった指摘もあります。たしかに，こうした抽象的な法益の場合，法益侵害の有無が必ずしも明確でなく，刑事責任を問われる行為が行われたといえるか微妙なケースもありえます。しかし，今日，経済犯罪は，刑法に定められた犯罪以上に深刻な被害をもたらす可能性があります。こうした被害を防止することは，私たちの生活を守るためにも大切です。そうした被害防止の役割の一端を刑法が担う必要性は，ますます高まっているのです。

## 2　独占禁止法違反の罪

　独占禁止法は，公正かつ自由な競争を保護するため，①私的独占，②不当取引制限，③競争制限の3つの行為を禁止し，とくに，前2者については，その違反に対して刑罰を科す旨を定めています（芝原〔2000〕127頁）。

### (1)　私的独占の罪

　このうち，①私的独占の罪は，事業者が，他の事業者の活動を排除し，または支配することによって，一定の取引分野における競争を実質的に制限することを内容とする犯罪です。単独の場合はもちろん，他の事業者と結合・通謀して，そうした制限をしたとしても，犯罪は成立します。また，いかなる方法であるかも問われないことが，明文で規定されています。

　たとえば，ある商品の市場シェア率トップの企業が，市場への影響力を利用し，儲けを度外視して，安い価格で商品を販売すること（ダンピング）で，ライバル企業の同種商品を市場から閉め出すようなケースが，私的独占の罪の典型例です。ダンピングは，短期的には，安く商品が買えるので，消費者にとって悪くない行為のように見えます。しかし，ライバル企業が撤退して競争相手がいなくなった市場では，ダンピング企業が，価格を引き上げても，自社の商品しかないので，商品の質を上げるための努力をしなくても，商品は売れることになり，長い目で見れば，消費者にとって，マイナスが大きいわけです。そこで，独占禁止法は，こうした行為を禁じているのです。

### (2) 不当取引制限の罪

②不当取引制限の罪は，事業者が，契約や協定などを結び，他の事業者と共同して価格を決定したり，生産数量や取引先などを制限することを内容とする犯罪です。

たとえば，同業他社と協定を結び，同種商品の価格設定について話し合ったり（価格カルテル），生産量を調整したり（数量カルテル），販売地域を配分したり（市場分割），公共入札にあたって談合をすること（入札談合）などのケースが，これにあたります。こうした行為も，競争による企業の努力が行われなくなることから，消費者にマイナスが大きいと考えられるわけです。

### (3) 独占禁止法罰則の運用状況

従来，独占禁止法罰則が適用されることは，ほとんどありませんでした。独占禁止法違反の検察庁新規受理人員の推移をみてみると，数年に1度少数の人員が受理されているに過ぎません（図29参照）。これは，違反行為が全くなかったことを意味するわけではありません。むしろ，主要な独占禁止法違反の罪については，公正取引委員会の告発が訴訟条件になっているのに，公

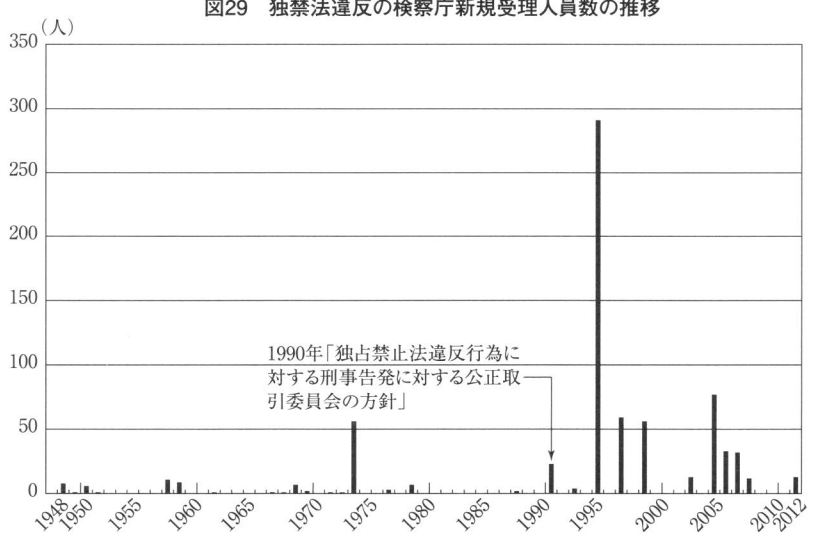

図29 独禁法違反の検察庁新規受理人員数の推移

正取引委員会が，排除勧告や課徴金の納付命令などの行政処分による解決を中心に据え，告発を行わなかったことに起因しているのです。

しかし，1990（平成2）年に，公正取引委員会が，「独占禁止法違反行為に対する刑事告発に対する公正取引委員会の方針」を公表し，刑事告発を積極化する姿勢を明確にしてからは，状況に変化が見られ，受理人員も，増加傾向がみられます。過去5年の間の検察庁新規受理人員を見てみると，2008（平成20）年は12人を記録した後の3年間は0人でしたが，2012（平成24）年は13人でした。

### 3　金融商品取引法違反の罪

国債や株式など，今日の経済活動において，重要な役割を果たしている有価証券の取引の公正を保護し，流通の円滑化を図ることを目的として定められた法律が金融商品取引法（金商法）です。この法律は，2006（平成18）年に，証券取引法が改正されて，誕生したものですが，罰則規定については，法定刑を除いて証券取引法からほとんど変更されませんでした。

有価証券取引の公正性と円滑化という目的を達成するために，金商法には，170以上の多種多様な犯罪が定められています。しかし，実際に適用されているのは，そのうちのごく少数の種類の犯罪にとどまります。具体的には，①相場操縦の罪，②インサイダー取引の罪，③損失補てんの罪などです（神山〔1999〕30頁・芝原〔2000〕91頁）。

#### (1)　相場操縦の罪

たとえば，ある会社の株式を保有する投資家が，証券会社にその会社の株式について大量の買い注文を出し，他の証券会社に売り注文を出すことで，株価を上昇させ，その流れにのって，他の投資家も同社の株式を購入することで，さらに株価が上昇したところで，自らの保有する株式を売却し，利益を出すというケースのように，本来，自由競争原理に基づいて，需要と供給のバランスによって価格形成がなされるべき証券市場に，人為的な操作を加えて，これを変動させる者が現れれば，証券市場の公正性や健全性に対する信頼が崩れる危険性があります。そこで，金商法は，そうした相場操縦行為を禁止し（159条），この違反に対して10年以下の懲役もしくは1,000万円以下

の罰金またはその併科という金商法上最も重い刑罰を定めています（197条1項1号）。

証券取引法は，相場操縦の具体的な内容として，①仮装売買による相場操縦（159条1項1～3号），②馴れ合い売買による相場操縦（同4－7号），③現実取引による相場操縦（同条2項1号），④表示による相場操縦（同2・3号），⑤安定操作（同条3項）の5種類を定めています。

### (2) インサイダー取引の罪

たとえば，難病の治療薬の開発に成功した製薬会社の社長が，このニュースを公表する前に，同社の株式を大量に購入しておき，公表後，同社の株価が上昇したところで売却して利益を得るというケースのように，立場上，株価の形成に影響を及ぼす可能性のある情報に接した者が，その情報を利用し，株式の売買を行い，利益を得ることは，証券市場の公平性と健全性を害し，投資家の証券市場に対する信頼を大きく損なうことにつながります。そこで，こうした行為を規制するため，証券取引法は，インサイダー取引を禁止し（166・167条），その違反に対して5年以下の懲役または500万円以下の罰金またはその併科に処する旨を定めています（197条の2第13号）。

インサイダー取引の罪は，積極的に詐欺やその他の不正な手段を用い，または内部情報を利用して利益を得たことも，犯罪成立要件とされておらず，「いわばルール違反の取引を行ったという形式犯的理由に可罰性の根拠を求め」（野村〔2002〕76頁）ています。このため，インサイダー取引の罪の新設当初は，法定刑が6月以下の懲役または50万円以下の罰金と比較的軽く設定されていました。その後，証券取引の規制強化を求める社会の声を反映した1998（平成10）年と2006（平成18）年の法改正による罰則強化で引き上げられ，相場操縦罪などに次ぐ，厳しい法定刑が用意されるまでになりました。

### (3) 損失補てん罪

これまでの2つの証券犯罪は，証券会社を通じて証券を販売する者が犯す犯罪でした。これに対して，証券取引所で証券取引を行う証券会社が犯す犯罪もあります。その1つが，損失補てんの罪です。証券会社が一部の顧客から受託した有価証券の売買取引において，損失が生じたり，利益が期待よりも少ない場合に，その埋め合わせを提供すると，不公正取引の罪（独占禁止

法19条）に該当します。しかし，今日では，これに加えて，金商法の損失補てん等の罪（42条の2）にも該当する可能性があります（198条の3）。

　本罪は，1991（平成3）年に，証券会社による大口顧客に対する一任勘定取引と損失補てんなどの「証券不祥事」が発覚し，これに対して，社会的に強い非難が加えられたことから，同年の証券取引法改正において新たに設けられました。本罪の特徴は，証券会社による損失補てん等の申込みや約束，実際の損失補てん等だけでなく（42条2第1項），顧客が，証券会社等に，こうした損失補てんの申込みや約束，実際の損失補てん等をさせることも処罰の対象としている点です（同条2項）。

　損失補てんは，取引に当たって詐欺的な手段を用いるわけではなく，投資家に直接的な被害をもたらすわけでもありません。それにもかかわらず刑事規制の対象に加えられた根拠は，①証券取引における投資家の自己責任の原則に反し，証券市場における価格形成機能を歪めてしまうことと②証券会社が，市場仲介者としての中立性や公平性に違反し，証券取引市場に対する投資者の信頼感を損なうことに求められます。

### (4)　金融商品取引法違反の罪の実態

　金融商品取引法（証券取引法）違反に関する各年ごとの検察庁処理人員の推移を見てみると（図30参照），制定当初の1950年代半ばまでは，比較的多数を数えましたが，1950年代後半から1970年代前半は，毎年10人台までにとどまっており，一桁台の年も少なくありませんでした。しかし，1973（昭和48）年に，42人が受理されると，1975（昭和50）年には22人，1976（昭和51）年には37人，1977（昭和52）年には21人，1980（昭和55）年には32人が受理されるなど，それまでに比べると証券犯罪の検察庁新規受理人員は多数にのぼるようになりました。ただし，こうした傾向は，1980年代を迎えると下火になり，1981（昭和56）年以降1993（平成5）年までは，新規受理人員が20名を上回る年はありませんでした。ところが，1994（平成6）年以降は，再度，増加傾向が顕著になり，ほぼ毎年20人以上を数え，2012（平成24）年には過去最高の137人に達しました。

　独占禁止法に基づき市場競争の規制を担当する公正取引委員会と同様，金商法にも，同法に基づき証券取引の規制を担う証券取引等監視委員会という

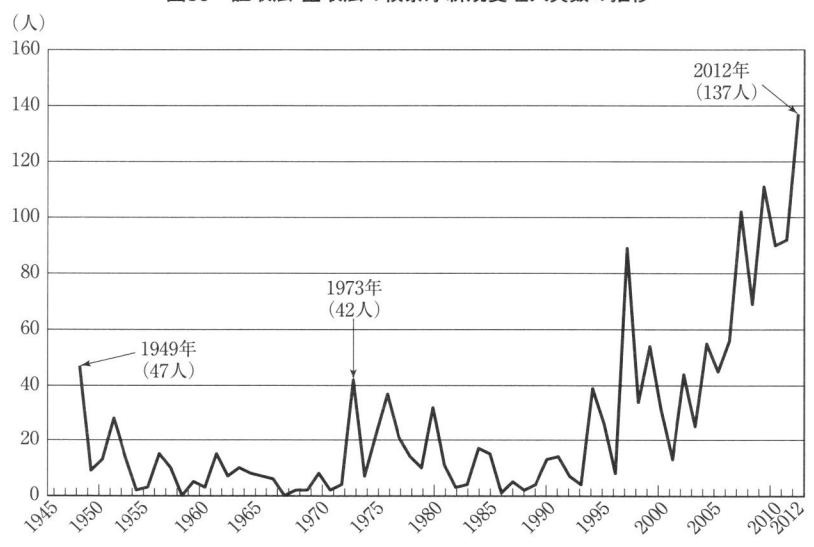

図30　証取法・金取法の検察庁新規受理人員数の推移

(グラフ：1949年(47人)、1973年(42人)、2012年(137人))

独立行政機関が存在します。しかし，独占禁止法とは異なり，金商法違反の罪は，証券取引等監視委員会の告発がなくても，検察による起訴ができることになっています。こうした相違が，検察庁新規受理人員の多寡に影響を与えているのかもしれません。

### 4　会社法違反の罪

会社運営に関する規定は，従来，商法や有限会社法などに分けて定められていましたが，2005（平成17）年に新設された会社法に統合されました。この会社法も，会社経営にあたって会社の財産を侵害する行為などを犯罪とし，罰則を定めています。

#### (1)　特別背任罪

前述した背任罪を，会社の経営に携わる地位にある者が行った場合，その被害は，きわめて甚大になり，日本の経済秩序にも大きな傷を残すことになりかねません。そこで，会社の経営に責任のある一定の身分の者の背任行為について，法定刑を加重したのが，特別背任罪です。

特別背任罪を定めた会社法960条・961条に掲げられた身分は，多岐にわたります。具体的には，960条1項の「取締役等の特別背任罪」では，①発起人，②設立時取締役等，③取締役・会計参与・監査役・執行役，④取締役等の職務代行者，⑤一時取締役等の職務を行うべき者，⑥支配人，⑦委任を受けた使用人，⑧検査役が，同条2項の「清算人等の特別背任罪」では，①清算株式会社の清算人，②清算人の職務代行者，③一時清算人等の職務を行うべき者，④清算人代理，⑤監督委員，⑥調査委員が，961条の「代表社債権者等の特別背任罪」では，①代表社債権者と②決議執行者が，主体として明記されています。

本罪の成立要件は，行為者が限定される以外は，刑法の背任罪と同じと解されています（川崎〔2005②〕35頁・同〔2005③〕34頁・同〔2005④〕36頁）。

### (2) 会社財産危殆罪

特別背任罪は，きわめて重い犯罪ですが，「図利加害目的」や「財産上の損害」の存在が成立要件とされているため，その適用はかなり制限されてしまい，会社財産の保護にとって十分とは言えません。

そこで，会社法963条は，これを補完するために，旧商法罰則と同様，株式会社の経営に携わる者による会社財産を危うくする行為のうち，一定の態様のものについて，特別背任罪とは別の犯罪として定めています。

963条が，会社財産を危うくする罪（会社財産危殆罪）として規定しているのは，①虚偽申述・事実隠蔽（1～4項），②自己株式取得（5項1号），③違法配当（同項2号），④営業外投機取引（同項3号）の4種類の行為です。

前述したように，会社財産危殆罪は，「図利加害目的」や「財産上の損害」の存在を成立要件としていないため，処罰範囲は，特別背任罪に比べて広くなりますが，他方で，法定刑は，5年以下の懲役または500万円以下の罰金またはその併科と，特別背任罪の半分に設定されています（川崎〔2005⑤〕38頁・同〔2005⑥〕30頁・同〔2006①〕34頁）。

### (3) 総会屋等への利益供与罪

株式会社は，株主総会において，株主自身が，経営の方針や成果についてチェックすることによって，経営の適正化を確保するように制度化されています。ところが，ごく最近まで，多くの企業では，株主総会を形骸化し，短

時間で終了させるために,「総会屋」と呼ばれる不法勢力に利益を提供し,その見返りに,協力を求めていました。こうした行為は,株式会社の経営を不透明で,不合理なものに貶めることにつながりかねません。そこで,会社法では,こうした利益供与を犯罪として定め,禁止しているのです。

こうした規定は,1984（昭和59）年の「伊勢丹事件」を契機に,総会屋に対する利益供与が,社会問題化したことから,同年の商法改正で新設されたものです。しかし,その後も,企業と総会屋の関係は続き,しばしば新聞紙上を賑わせました。とくに,1997（平成9）年に明るみに出た大手証券会社や都市銀行による利益供与事件は,金融不況の最中であったこともあり,極めて厳しい批判にさらされました。このため,商法が改正され,同罪の法定刑が引き上げられたほか,利益要求罪が新設されました。

会社法970条は,こうした商法改正の経緯をふまえ,権利行使に関する利益供与罪を定め,株主の権利行使に関して,会社等の計算で,財産上の利益を供与したときに,3年以下の懲役または300万円以下の罰金に処する旨を定めています（川崎〔2006②〕44頁・同〔2006③〕48頁）。

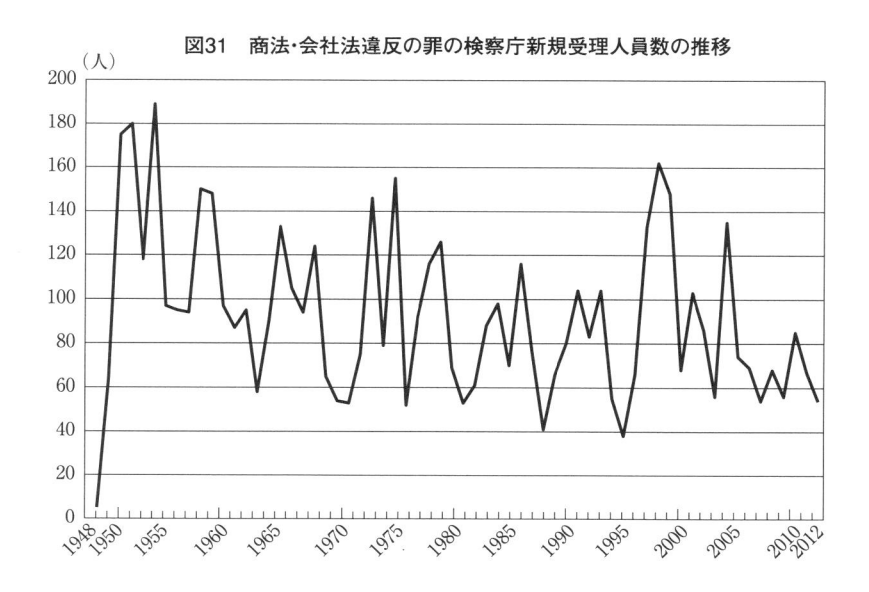

図31　商法・会社法違反の罪の検察庁新規受理人員数の推移

### (4) 会社法（商法）違反の実態

　会社法の施行まで，同種の規定をおいてきた商法の違反事件について，検察庁新規受理人員数の動向を見てみると（**図31参照**），年ごとに増減が見られるものの，独占禁止法違反や証券取引法違反と比較しても，コンスタントに多数の人員が新規に受理されてきたことが分かります。本罪の検察庁新規受理人員数が，年間100人を上回ることも少なくありません。過去10年間は，平均で86.1人が新規に受理されています。2012（平成24）年は54人でした。

# V　ビジネス犯罪対策の課題

　日本のビジネス犯罪は，経済活動の多様化や複雑化とともに，一層深刻化してきました。とくに，行政指導に象徴される事前規制を中心とした社会から，事後規制社会へのシフトがすすんだ1990年代半ば以降は，バブル経済の崩壊とも重なり，多様なビジネス犯罪が顕在化し，社会の耳目を集めました。こうしたビジネス犯罪の取締りを強化するため，刑事法が果たす役割は小さくありません。多種多様な法律に定められた罰則規定は，ビジネス犯罪を予防するため，今後，ますます適用される機会が増すものと思われます。

　企業にとっては，刑事責任を問われることもさることながら，犯罪を行った企業というイメージが着くことのデメリットは測りしれません。そこで，最近は，法律を遵守した経営（コンプライアンス経営）が，これまで以上に重視されています。

## 第10講
# 公共危険犯罪

## I 刑法による社会の安全の維持

### 1 処罰の「前倒し」

刑法は，憲法の基本理念でもある「個人の尊重」を実現するために，生命，身体，自由，財産など，さまざまな個人法益を保護しています。しかし，個人法益を保護していただけでは，今日の複雑な社会で生きる私たちの暮らしを守りきれません。このため，今日の日本では，個人の利益を超えた社会全体の利益である社会法益を保護する意義が高まっているのです。社会法益を保護する意義が高まっている理由の1つとして，「処罰の前倒し」の必要性が強まっている点が上げられます。つまり，個々人に，具体的・個別的な損害（個人法益に対する侵害）が生じる以前に，そうした危険性が発生した段階で，個人法益の罪とは別個の犯罪の成立を認めるのです。

たとえば，後述する放火罪は，火力によって建造物を損壊し，場合によっては，建造物内の人の生命，身体，財産などを侵害する犯罪ですが，そうした具体的な結果の発生をまつまでもなく，その危険性が高まった段階で，不特定多数の公衆の生命や財産を危険にさらしたことをもって犯罪としています。さらに，こうして個人法益よりも，「処罰の前倒し」を図った放火罪では，公衆の生命や財産の保護の必要性が高まることによって，どのような段階になれば，放火罪が既遂になるかという判断も，前倒しされる傾向が認められます。

### 2 公共危険犯罪

社会法益に対する犯罪の1つとして，「不特定多数の生命・身体・財産の安全」を侵害する公共危険犯罪をあげることができます。現行刑法は，公共

危険犯罪として，多数による集団的な暴行や脅迫によって，①一定の地域の平穏を乱す騒乱罪（106・107条），②建造物などを燃やし，多数の人命，身体，財産を危険にさらす放火罪（108-118条），③水の破壊力を用いて，社会を危険にさらす出水罪（119-123条），④公共の交通を妨害することによって，多数人の生命・身体・建造物を危険にさらす往来妨害罪（124-129条）を規定しています。

現在の日本では，放火罪を除いて，公共危険犯罪が適用される例はほとんどありません。しかし，「地下鉄サリン事件」のような反社会的な活動や国際的なテロへの懸念が日本でも高まりつつある今日，そうした活動への対策の一環として，今後，公共危険犯罪には，新しい意義が認められるでしょう。

## II　騒　乱　罪

### 1　騒乱罪の意義と保護法益
#### (1)　騒乱罪の意義
日本国憲法は，集会の自由や表現の自由を認めています（憲法21条）。したがって，私たちには，自由に集会を開き，自らの意見を公に示威（デモ）する権利があります。

しかし，多数が集い，示威行動を行うと，ときとして集団心理がはたらき，暴動へとエスカレートする危険があります。こうして起こった暴動が，社会を混乱に陥れ，多くの人々の生命，身体，財産を侵害する危険性をはらんでいることは，過去の事件からも明らかです。そこで，現行刑法は，集団的な暴行・脅迫行為である騒乱罪（106条）とその前段階である多衆不解散罪（107条）を定め，暴動とその危険を有する状態を犯罪としているのです。

#### (2)　騒乱罪の保護法益
騒乱罪の保護法益について，判例は，公共の静謐または平穏と解しています（最判昭和35年12月8日刑集14巻13号1818頁）。しかし，これを文字通りに解すると，少しエスカレートしてしまったデモ行進などにも，本罪が適用される

可能性が生じてしまいます。これでは，憲法が定める集会の自由や表現の自由を軽視し，不当に制限することにつながりかねません。

そこで，学説上は，不特定多数の生命，身体，財産に危険が及ぶ可能性がある程度認められることが必要との見解が有力化しています。こうした見解は，下級審の裁判例においても，散見されます（東京高判昭和47年11月21日高刑集25巻5号479頁）。

### 2　騒乱罪

騒乱罪とは，多衆で集合して，暴行や脅迫を実行する犯罪です。ここでいう「多衆」とは，ある程度の多人数であることが必要で，それ以下の場合には，暴力行為等処罰ニ関スル法律1条の集団的暴行・脅迫・毀棄罪の主体になるにとどまります。

#### (1)　行為者の類型

本罪を行った者には，その役割に応じて，次のような法定刑が設けられています。①騒乱行為を主唱・画策し，多衆の力を合わせさせ，暴行・脅迫を行わせる「首謀者」には，1年以上10年以下の懲役または禁錮（106条1号）。②騒乱行為への参加者を一部でも指揮・扇動・誘導する指揮者や他の者より目立って騒乱の勢いを増大させる率先助勢者には，6月以上7年以下の懲役または禁錮（同条2号）。③その他の付和随行者には，10万円以下の罰金（同条3号）。

#### (2)　暴行と共同意思

本罪の行為は，集団による暴行・脅迫です。この暴行・脅迫は，最広義で把握され，人に対する有形力だけでなく，器物損壊や建造物侵入も含まれます（最判昭和35年12月8日刑集14巻13号1818頁）。ただし，その暴行・脅迫は，集団全体によって力を合わせたものでなければなりません。

同様に，主観面でも，本罪が成立するためには，共同意思の存在が必要と解されています（大判明治43年4月19日刑録16輯657頁・最判昭和35年12月8日刑集14巻13号1818頁）。こうした意思の存在によって，はじめて集団内の他人が加えた結果を行為者に帰責することが可能となるのです。

### 3 多衆不解散罪

騒乱行為の予備段階を処罰するのが，多衆不解散罪です。警察官職務執行法5条に規定された警察官の制止権の行使として，集合した人たちに3度に渡って解散が命じられているにもかかわらず，これに応じないときに成立します。本罪は，解散「しない」ことが犯罪であると規定されている真正不作為犯です。

## III 放火罪

### 1 放火罪の意義と保護法益
#### (1) 放火罪の意義

木造家屋が多く，家屋同士が密集して建てられている日本では，昔から，火災は，社会に甚大な被害をもたらす災害と考えられてきました。現在，日本では，年間5〜6万件の火災が発生しています。そうした火災の原因として最も多いのは，「放火」なのです（ただし，建物火災に限れば，コンロが1位）。したがって，防火にとって，放火罪の取締りが果たす役割は小さくありません。

こうした観点から，現行刑法は，次のような種類の放火罪を規定しています。①現住建造物等放火罪（108条）。②非現住建造物等放火罪（109条）。③建造物等以外放火罪（110条）。④延焼罪（111条）。⑤消火妨害罪（114条）。⑥失火罪（116条）。⑦激発物破裂罪（117条）。⑧業務上失火等罪（117条の2）。⑨ガス漏出等罪（118条1項）。⑩ガス漏出等致死傷罪（同2項）。

#### (2) 放火罪の保護法益

放火罪の保護法益は，社会の安全ですが，具体的には，公衆の生命，身体，財産の安全と解することができます。これは，後述するように，建造物に人が現住または現在しているか否か，自己の所有物件か他人の所有物件かによって，法定刑に差があることから導かれる結論です。

## 2　放火罪の実態
### (1)　認知件数の推移

　放火罪の認知件数は，1950（昭和25）年まで急増し，その後1,304件と最低値を記録した1969（昭和44）年までは，増減を繰り返しながらも長期的には減少傾向を示していました。しかし，翌年からは，増加に転じ，1982（昭和57）年には，2,291件と最高値に達しました。その後，再度減少に転じましたが，1992（平成4）年以降は，また増加傾向を見せ，2004（平成16）年には，2,174件を記録しました。その後は減少に転じ，2012（平成24）年は，1,033件と，2004年の半数以下になりました。

　他方，失火罪の認知件数は，終戦直後から8,000件台を数え，その後も増加し，1953（昭和28）年には，1万704件と，初めて1万件の大台を超えました。しかし，その後は，減少に転じ，その傾向は，今日までほぼ一貫して続いていますが，最近では，下げ止まりの気配があり，1999（平成11）年に，221件と最小値を記録した後は，300件〜400件を記録していましたが，近年

**図32　放火罪と失火罪の認知件数の推移**

は200件台にまで減少しています。2012年の認知件数は，262件でした（図32参照）。

### (2) 放火被害の実態

2008年の火災統計からは，次のような火災や放火の被害の実態が浮かび上がってきます。まず火災1,000件あたりの死者発生率は，毎年30人前後で推移していますが，2008年は37.6人でした。

放火火災のうち，建物への放火の占める割合は，47.6％でした。建物への放火火災の1件あたりの焼損床面積は約9.4平方メートルでした。また，放火火災1件あたりの平均損害額は約87万円でした。

> **ピロマニア**　放火の動機には，窃盗や殺人の犯行の隠蔽，復讐，保険金詐欺，自殺など多様なものがあり得ます。放火そのものが目的となっているケースの中には，「ピロマニア（放火症）」と呼ばれる症状を有するものが存在するという指摘があります。これは，放火という特定の行動への抵抗しがたい衝動を制御しきれないという症状の精神障害の一種と解され，それ故に，放火を強迫的に反復してしまうといわれます（中谷〔1995〕188頁）。こうした症状についての研究は，19世紀初頭に始まり，日本でも，長年に渡る研究の蓄積が存在しています（中田修〔1977〕45頁）。
> 
> たしかに，放火犯人の中には，連続的に実行する者がおり，その動機が，「ストレスの発散」や「スリルの体感」であるといった証言もしばしば見られます。こうした症状の実態が解明されれば，犯罪対策にも結びつけることができるかもしれません。

### 3　現住建造物等放火罪

放火罪のうち，最も重い法定刑を定めているのが，現住建造物等放火罪です。本罪は，死刑または無期もしくは5年以上の有期懲役という重い法定刑を規定しています。その理由は，①現に人が住居に使用している建造物・汽車・電車・艦船・鉱坑または②現に人がいる建造物・汽車・電車・艦船・鉱坑を標的にした放火であることから，人の生命・身体に対する侵害の危険性が高いことに求められます。人の死亡が犯罪の成立要件でないにもかかわらず，死刑が法定刑におかれているのは，本罪と内乱罪だけで，その意味でも特殊な犯罪と言えるでしょう。

#### (1) 放　火

放火とは，対象物の焼損を惹起する行為を指します。「焼損」とは，火が

媒介物を離れて目的物に燃え移り，独立して燃焼する状態に達することを意味します（大判大正7年3月15日刑録24輯219頁・最判昭和23年11月2日刑集2巻12号1443頁）。この「焼損」が発生する現実的な危険を生じさせた時点で，本罪の実行の着手があったと解され，未遂が成立し（大判大正3年10月2日刑録20輯1789頁），「焼損」すれば，既遂になります。

「焼損」の意義に関連して，最近，問題になっているのが，耐火式や不燃性素材を用いた建造物に対する放火罪の成否です。燃え移らない素材で造られた建造物の場合，火力や熱伝導によって損壊したとしても，放火罪は成立しないのでしょうか。もちろん，燃え移っていない火力でも，それによって建造物が効用を喪失する程度に損壊されたり，猛毒ガスを発生させ，不特定多数の人たちの生命・身体を危険に陥れる可能性はあります。

しかし，他の物件への延焼の危険性が認められない限り，死刑を含む重い法定刑を定めた犯罪の成立を認めることはできません。したがって，不燃性建造物についても，従来と同様，火が媒介物を離れて目的物に燃え移り，独立して燃焼する状態に達して初めて，既遂となるのです（東京地判昭和59年6月22日月報16巻5＝6号467頁・東京高判昭和49年10月22日東時25巻10号90頁）。

### (2) 現住建造物

現住建造物等放火罪の客体は，①現に人が住居に使用している建造物・汽車・電車・艦船・鉱坑と②現に人がいる建造物・汽車・電車・船舶・鉱坑です。「人」とは，犯人以外の者を指し，犯人の家族も含みます（最判昭和32年6月21日刑集11巻6号1700頁）。したがって，家族と一緒に居住している家屋に放火した場合は，本罪が成立します。また，ここでいう「住居」とは，起臥寝食の場所として人が日常的に使用しているものをいいます（大判大正2年12月24日刑録19輯1517頁）。

複合建造物の住居性については，物理的な一体性と機能的な一体性を総合判断して，現住建造物の限界が判断されています。たとえば，①宿直室と接続した小学校の校舎（大判大正2年12月24日刑録19輯1517頁），②人が寝泊まりしている劇場のトイレ（最判昭和24年2月22日刑集3巻2号198頁），③住居に近接する物置（大判大正12年11月12日刑集2巻781頁），④マンション内部のエレベータのかご部分（最決平成元年7月7日判時1326号157頁），⑤社務所と回廊でつなが

っている神宮社殿（最決平成元年7月14日刑集43巻7号641頁）について，判例は，住居に当たるという判断を示しています。

### 4　非現住建造物等放火罪
#### （1）　非現住建造物
　非現住建造物等放火罪の標的（客体）は，現に人の住居に使用されておらず，かつ現に人がその内部にいない建造物・汽車・電車・艦船・鉱坑です。これらの客体が，自己所有（無主物・同意のある他人所有物を含む）の場合は，公共の危険を生じさせたときにのみ本罪が成立します。
#### （2）　公共の危険の発生
　火を放って目的物を焼損することが，非現住建造物等放火罪の実行行為ですが，1項と2項で既遂時期に差異が設けられています。つまり，原則としては，放火によって，焼損の結果を発生すると，既遂に達する（抽象的公共危険犯）のに対して，建造物などが自己所有の場合には，焼損によって，具体的な公共の危険が発生したことが成立要件とされている（具体的危険犯）のです（広島高岡山支判昭和30年11月15日裁特2巻22号1173頁）。
#### （3）　故　意
　非現住建造物等放火罪の故意としては，①他人の所有に属すること（1項），②現に住居に使用されておらず，かつ現に人もいないこと，③火を放って客体を焼損すること，④公共の危険が発生すること（2項）の認識が必要です（名古屋高判昭和39年4月27日高刑集17巻3号262頁）。

## Ⅳ　出　水　罪

　放火罪が，火力によって公共の危険を発生させる犯罪であるのに対して，水力によって公共の危険を生じさせる犯罪が出水罪です。その構成は，放火罪とほぼ同一です。
　具体的には，①現住建造物等放火罪に対応する現住建造物等浸害罪（119条），②非現住建造物等放火罪・建造物等以外放火罪に対応する非現住建造

物等浸害罪（120条），③消防妨害罪に対応する水防妨害罪（121条），④失火罪に対応する過失建造物等浸害罪（122条），⑤出水罪の未遂・予備の罰則規定となる出水危険罪（123条）があります。

## V　往来妨害罪

　公共危険犯罪の最後の類型が，往来妨害罪です。本罪の保護法益は，交通機関を利用する不特定多数人の生命・身体・財産です。ここでいう「交通」には，①陸路，②水路，③橋が含まれますが，空路は，念頭に置かれていません。また，陸路においても，自動車交通は対象の外です。このため，刑法典制定後の交通手法の多様化への対応は，特別法によって補われています。

### 1　往来妨害罪

　往来妨害罪は，陸路，水路または橋を損壊または閉塞して，往来を妨害したときに成立します。ここでいう「損壊」とは，通路の全部または一部を物理的に破壊することを言い，「閉塞」とは，障害物を置いて，通路を遮断することを言います。この行為によって，現実に往来の妨害の結果が発生したことは要しません。

### 2　往来危険罪

　陸上交通のうち，軌道上を走る交通機関である「汽車」や「電車」については，別途の規定があります。往来危険罪（125条）です。本罪は，「汽車」や「電車」の走行に必要な施設・設備を壊したり，線路上に障害物を置くなどの方法で，「汽車」や「電車」に衝突や脱線といった往来の危険を生じさせたときに成立します。

　ここで言う「汽車」には，蒸気機関車だけではなく，ディーゼルカーやガソリンカーが含まれ，「電車」にも，モノレールやケーブルカーが含まれます。しかし，線路を用いないトロリーバスやロープウェイまでは含まれないと解されています。

**三鷹事件** 1949（昭和24）年7月に，旧国鉄の中央線三鷹電車区構内において，無人電車が暴走し，脱線・転覆により，付近にいた6人を死亡させるという事件がありました。旧国鉄労働組合の人員整理反対闘争に起因する犯行とされ，関係者10人が電車転覆致死罪で起訴されました。第1審では，被告人の1人による単独犯と認定され，無期懲役刑が言い渡されましたが，控訴審において，宣告刑が死刑に変更されたことから，事実の取調べを経ない量刑の不利益変更が，上告審で争われることになりました。

さらに，①往来危険による電車転覆罪が，「前条の例による」と規定していることを根拠に，致死罪の規定（126条3項）を適用することが可能か，②無人電車の転覆による生命侵害に致死罪の規定を適用できるかといった点も争われました。最高裁は，いずれの点についても積極的に解し，被告人の死刑が確定しました（最判昭和30年6月22日刑集9巻8号1189頁）。

この事件には，謎につつまれた部分があり，古くから社会的に高い関心が向けられてきました（片島〔1999〕）。

# 第11講
# 偽 造 犯 罪

## I 偽造犯罪の意義と機能

### 1 偽造犯罪の意義

たとえば，私たちは，1万円札を使って，書籍やCDなどを購入することができます。しかし，金本位制度を採用していない今日の日本で，1万円札に1万円相当の物品を購入できるだけの価値があることを裏付けているのは，日本で用いられている「円」という単位の通貨に対する社会的な信用にすぎません。また，役所や病院で発行された住民票や診断書など証明用の文書も，その内容は改めて検証するまでもなく正しいという社会的な信用を前提に，いろいろな場面で用いられています。

このように今日の社会では，経済取引をはじめとしたさまざまな社会的活動を合理的・効率的に行う手段として，社会的に一定の価値や効果をもつという信用を有する「もの」が用いられることが少なくありません。したがって，社会的な信用をもつと認められた「もの」の中に，偽物が含まれているとすれば，私たちの日常生活に大きな支障を来たす危険が生じてしまいます。そこで，現行刑法は，こうした社会的な活動を合理的・効率的に行う手段に対する社会的な信用を保護するために，いくつかの偽造犯罪を規定しています。

### 2 偽造犯罪の構造

社会的な活動を合理的・効率的に行う手段として，社会的な信用を有する「もの」には，さまざまなものがありますが，現行刑法が保護しているのは，①通貨，②文書，③事務処理用電磁的記録，④有価証券，⑤支払い用カードの電磁的記録，⑥印章の6種類です。これらの保護に当たって，現行の偽造

表 9　偽造犯罪の構造

| | 通貨偽造罪 | 文書偽造罪 | | | | | | 有価証券偽造罪 | 支払用カード偽造罪 | 印章偽造罪 |
|---|---|---|---|---|---|---|---|---|---|---|
| | | 勅書偽造罪 | 公文書偽造罪 | 公正証書原本不実記載罪 | 私文書偽造罪 | 虚偽診断書作成罪 | 電磁的記録不正作出罪 | | | |
| ① 偽造 | 148 I | 154 I | 155 I・III/156 | 157 I・II (不実記載) | 159 I・III | 160 (虚偽記載) | 161の2 I・II (不正作出) | 162 I・II (虚偽記入) | 163の2 I (不正作出) | 164 I・165 I・166 I・167 I |
| ② 変造 | 148 I | 154 II | 155 II・III/156 | 157 I・II (不実記載) | 159 I・III | | | 162 I | | |
| ③ 行使・供用 | 148 II | 158 I | | | 161 I | 161 I | 161の2 III | 163 I | 163の2 II | 164 II・165 II・166 II・167 II |
| ④ 交付 | 148 II | | | | | | | 163 I | 163の2 III (譲り渡し・貸し渡し) | |
| ⑤ 輸入 | 148 II | | | | | | | 163 I | 163の2 III | |
| ⑥ 収得 | 150 | | | | | | | | | |
| ⑦ 収得後知情行使 | 152 | | | | | | | | | |
| ⑧ 所持 | | | | | | | | | 163の3 | |
| ⑨ 未遂処罰 | 151 (①〜⑥) | 158 I (③) | 158 II (③) | 157 III (①・②)/158 II (③) | | 161 II (③) | 161の2 IV (③) | 163 II (③) | 163の5 (①・③)〜⑤・⑪ (情報取得・知情情報提供のみ) | 168 (③) |
| ⑩ 準備 | 153 (偽造・変造準備) | | | | | | | | 163の4 I (情報取得・知情情報提供)・II (情報保管) | |

犯罪は,「ニセ物」が本当に社会的な信用を損なったことを成立要件としていません。5種類の対象物の偽造は,絶えず,その社会的な信用を害する一般的な危険性をもっている点をふまえ,偽造行為が行われれば,それだけで犯罪が成立する構造になっているのです(抽象的危険犯)。また,これらの社会的な信用を保護するために,現行刑法は,その偽造を犯罪とするだけでなく,偽造した「ニセ物」の行使やその未遂も犯罪としています。さらに,通貨偽造罪や支払用カード電磁的記録不正作出等罪では,交付,輸入,偽造の準備行為なども処罰の対象とされています(表9参照)。

ただし,それらの「ニセ物」を作れば,必ず犯罪となるのでは,あまりにも処罰範囲が広くなりすぎる危険性があります。たとえば,小学校で教材として使うおもちゃのお札を作ることが無期懲役を言い渡される可能性もある重い犯罪になるのは行き過ぎでしょう。そこで,現行刑法は,多くの偽造罪は,行使の目的(電磁的記録では,人の事務処理を誤らせる目的)で,偽造が行われた場合に限って犯罪となるという限定をかけています(ただし,通貨偽造の場合には,行使の目的がなくても,3年以下の懲役または4,000円以上8,000円以下の罰金を法定刑とする通貨および証券模造取締法違反の罪が成立する可能性は残り,教材については,35条により,違法性が阻却されるということになります)。

## II　通貨偽造罪

### 1　通貨偽造罪の機能

通貨偽造罪は,通貨に対する社会的な信用(公衆の信用)を保護法益とする犯罪です。

ここでいう「通貨」とは,「円」を単位とする①貨幣,②紙幣および③銀行券のことを意味します。このうち①貨幣とは,金属製の貨幣である硬貨のことで,現在発行されているものとしては,1円硬貨,5円硬貨,10円硬貨,50円硬貨,100円硬貨,500円硬貨がありますが,このほか,旧500円硬貨など,かつて発行されていた旧貨や「昭和天皇在位60年記念10万円記念金貨」や「長野オリンピック記念1万円金貨」などの記念硬貨なども,現在貨

幣として通用する限り，硬貨に含まれます。これに対して，小判や「寛永通宝」など現在は通用しない昔の硬貨は，たとえ財産的な価値が大きくても，通貨偽造罪の客体には含まれません。②「紙幣」とは，政府の発行する貨幣に代用される証券を意味します。かつては，日本でも，小額紙幣が発行されていましたが，現在では，通用力をもつ紙幣はありません。意外に思われるかもしれませんが，現在発行されている1,000円札，5,000円札，10,000円札は，紙幣ではなく，銀行券なのです。③銀行券とは，政府の認許によって日本銀行が発行している貨幣に代用される証券のことです。経済活動の国際化がすすんだ今日，通貨への信頼は世界中で確保されなければなりません。日本の通貨は，流通しており，したがって，日本国内だけでなく，世界中に通貨が偽造される可能性が存在するのです。このため，現行刑法2条4号は，通貨偽造罪について，外国人が，外国で犯しても，処罰する「世界主義」を採用しています。逆に，同様の理由から，日本でも，外国の通貨に対する社会的な信頼も保護する必要性が認められるでしょう。そこで，現行刑法には，外国通貨偽造罪（149条）も規定されています。

## 2　通貨偽造罪の実態

### (1)　認知件数の推移

　通貨偽造犯罪の動向を確認するため，通貨偽造罪の認知件数の推移を見てみると，1997（平成9）年までは長期にわたって100件台から200件台で増減を繰り返していました。しかし，1998（平成10）年に，初めて300件台を記録すると，その後は急速に増加し，2000（平成12）年には1,489件，2002（平成14）年には4,783件，2003（平成15）年には5,793件，2004（平成16）年には7,675件を記録しました。2004年に，偽造防止の最新技術を駆使した新しい銀行券が導入されたことから，2005（平成17）年以降は，急速に減少し，まだ旧紙幣との入れ替え記であった2005年は，3,765件でしたが，2006（平成18）年には，1,479件に半減し，2012（平成24）年には，1,129件にまで減少しました（図33参照）。

II 通貨偽造罪　143

**図33　通貨偽造罪の認知件数の推移**

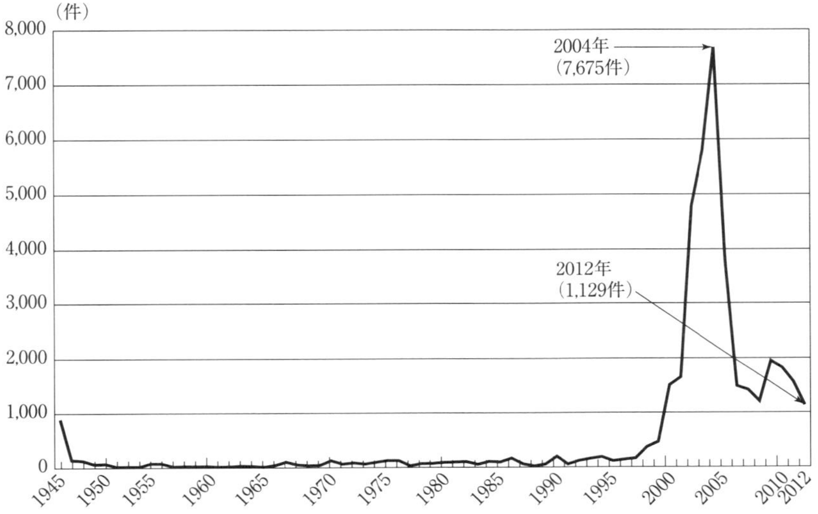

（2004年（7,675件）、2012年（1,129件））

### (2)　通貨偽造罪の手口

　かつて通貨偽造罪の認知件数が200件台までにとどまっていた要因は，技術とコストにありました。つまり，通貨を偽造するには高度の印刷技術が要求され，そうした技術を用いて通貨を偽造するにはコストがかかりすぎて，少しだけ偽造するのでは割に合わないため，大掛かりな計画が必要となることから，誰にでもできる犯罪ではなかったのです。

　ところが，最近では，そうした技術やコストを用いずに，こうした犯罪を行うケースが増えてきたのです。たとえば，2000年までの通貨偽造罪の認知件数増加の大きな要因は，当時の500円硬貨とほぼ同じ形状であった韓国の500ウォン貨幣（約50円相当）に，穴を開けたり，削りを加えることで重さも同様にして，自動販売機で使用するという手口の全国的な拡大でした。また，最近では，高い印刷技術をもたない個人が，スキャナーやカラー印刷機を使い，低コストで小規模に銀行券を偽造するケースも目に付くようになっています。なお，偽造される量が多い通貨の種類は，年によって変動しますが，最近では，自動販売機をターゲットに1,000円銀行券を大量に偽造するケースが増えているといえるでしょう（図34参照）。

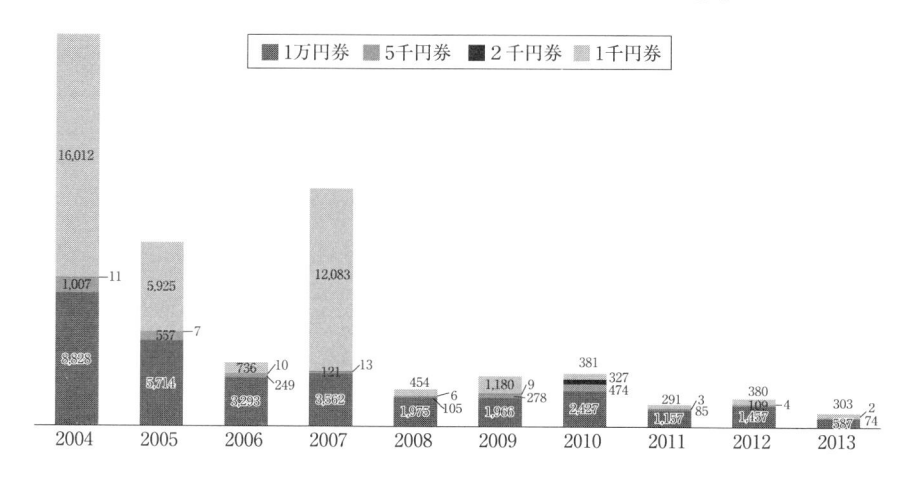

**図34 過去10年間の偽造日本銀行券の種類別発見枚数の推移**

凡例：1万円券　5千円券　2千円券　1千円券

2004年：8,823／1,007／11／16,012
2005年：5,714／557／7／5,925
2006年：3,293／736／10／249
2007年：3,582／121／13／12,083
2008年：1,975／454／6／105
2009年：1,933／1,180／9／278
2010年：2,427／381／327／474
2011年：1,157／291／3／85
2012年：1,457／380／100／4
2013年：587／303／2／74

## 3　偽造・変造と行使

### (1) 偽造・変造

　通貨偽造罪は，通貨を「偽造」または「変造」した場合に成立します。ここでいう「偽造」とは，通貨の製造や発行の権限をもたない者が，一般人が真貨と見間違う外観の偽貨をつくることを意味します。これに対して，「変造」とは，通貨の製造や発行の権限をもたない者が，真貨を加工し，一般人が真貨と見間違う外観の偽貨をつくることを意味します。

　本罪は，こうした「偽造」や「変造」を「行使の目的」で実行した場合に成立します。「行使の目的」とは，偽造・変造した偽貨を真貨として他人の占有下に移転させ，一般人が真貨と見間違う状態をつくる目的を意味します。偽造者自身が使用して，そうした状態をつくる場合はもちろん，他人に使用させて，そうした状態をつくる目的の場合も，「行使の目的」が存在すると解されます（最判昭和34年6月30日刑集13巻6号985頁）。

### (2) 行使・交付・輸入

　現行刑法は，通貨を偽造・変造した者だけでなく，偽造・変造した偽貨を

行使・交付・輸入した者も処罰します。このうち「行使」とは，偽造・変造した偽貨を真貨として他人の占有下に移転させ，一般人が真貨と見間違う状態をつくることで，前述した「行使の目的」における「行使」と同義です。行使の相手方は，自然人でなければなりません。したがって，自動販売機や公衆電話で偽貨を使用した場合，機械では真貨と判断されても，人間の目では偽貨であることが一目瞭然であれば，「行使」には当たりません。「交付」とは，偽貨であることを知らせて，自分以外の者にこれを渡したり，偽貨であることを知っている者にこれを渡すことをいいます。「輸入」とは，偽貨を国外から国内に搬入することを意味します。このうち，「交付」と「輸入」については，「行使の目的」が主観的構成要件となっています。

**通貨偽造罪の予防**　通貨偽造罪への対策としては，刑法による取締り以上に，偽造を困難にする予防策が有効です。たとえば，前述した500ウォン硬貨からの偽500円硬貨の変造を防ぐため，2000（平成12）年に，材質をニッケル合金からニッケル黄銅に変え，電気伝導率によって真偽の確認を可能とする新しい500円硬貨が発行されました。また，銀行券では，昔から原紙の材質が機密とされ，独特の手触りを作り出しています。また，2004（平成16）年に導入された現在の銀行券には，従来から採用されていた①「透かし」や②超細密画線の他に，③角度によって画像の色や模様が変化する「ホログラム」，④「NIPPONGINKO」と極めて小さな文字で印刷する「マイクロ文字」，⑤斜めから見ると，左右の余白部分にピンク色を帯びたパール光沢の半透明の模様が浮かび上がる「パールインキ」，⑥斜め下から見ると，表面左下には「10000」と，裏面右上には「NIPPON」と浮かび上がる「潜像模様」，⑦光に透かすと3本の傍線の透かしが見える「すき入れバーパターン」，⑧表面を紫外線に当てるとオレンジ色に光る特殊発行インキ，⑨印刷に凹凸を入れる「深凹版印刷」など，巨額の設備投資をしなければ真似できないさまざまな高度の技術が組み込まれています（偽造防犯研究会〔2005〕2頁以下）。

## III　文書偽造罪

### 1　文書偽造罪の構造

経済取引を初めとした社会的な活動にあたって，身元，収入，債権・債務，学歴など，さまざまな事実や権利・義務関係が重要な意味をもつことが少なくありません。このため，そうした事実や権利・義務関係に関する正確

な情報を証明する文書の社会的な役割は軽視できません。そこで，現行刑法は，こうした文書に対する社会的な信用（公共の信用）を保護するために，文書偽造罪を定めています。

具体的には，①詔書偽造罪（154条），②公文書偽造罪（155条），③虚偽公文書作成罪（156条），④公正証書原本不実記載罪（157条），⑤偽造公文書行使罪（158条），⑥私文書偽造罪（159条），⑦虚偽診断書作成罪（160条），⑧偽造私文書行使罪（161条）が規定されているほか，従来，文書が果たしてきた証明機能を担うことになったコンピュータ等の電磁的記録を保護するため，⑨電磁的記録不正作出・供用罪（161条の2）が1987（昭和62）年に新設されました。

通貨偽造罪と同様，文書偽造罪も，実際に文書に対する公共の信用が損なわれたことを構成要件としていない抽象的危険犯です。

## 2　文書の意義
### (1)　文書と電磁的記録

文書偽造罪における「文書」とは，文字その他の可視的な方法によって，法律上または社会生活上重要な事項に関する特定の人物の意思や観念を表示したものをいいます。したがって，可視性のない磁気テープやレコード，社会生活上の意義が認められない小説や書画は，「文書」とはいえません。また，刑法上保護に値するだけの一定の永続性が認められなければなりません。このため，布上に水で書いた字や砂上に書いた記号は，短時間で消えてしまうので，「文書」には含まれません。

これに対して，文書ではありませんが，同等の保護が与えられている「電磁的記録」とは，「電子的方式，磁気的方式その他の知覚によっては認識することができない方式で作られる記録であって，電子計算機による情報処理の用に供されるもの」（7条の2）をいいます。

### (2)　文書の名義人

刑法上，保護される文書は，その名義人（＝作成者）が明らかなものに限られます。もちろん，文書の中には，名義人は不明であるが，社会生活上の意義をもつものもありえます。しかし，そうした文書は，責任の所在が不明確な分，社会的な信用も低く，刑法をもって保護する必要性はないと考えら

れているのです。ここで大事なのは，名義人が明確であることであり，明示されていることではありません。したがって，もし，名義人が文書に表記されていなくても，内容，形式，筆跡などから，名義人を特定することができるものは，文書として保護されます（大判昭和7年5月23日刑集11巻665頁）。

名義人は，自然人だけでなく，法人や権利能力のない社団でもかまいません（大判大正7年5月10日刑録24輯578頁）。また，実在する必要はなく，架空でも良いと解されています（最判昭和23年10月26日刑集2巻11号1408頁）。

### (3) 文書の原本性

刑法上保護されるのは，名義人によって観念や意思を表示したものに対する公共の信用であることから，その保護は，原本に限られ，写しにまでは及びません。取引に際し，何らかの事実を証明するに当たって用いられるべきは原本でしょう。仮に，写しでもかまわないとするのであれば，写しに変造が加えられているリスクは，原本でなくても良いと判断した本人が負うべきだというわけです。文書の名義人も，写しに加えられた変造にまでは，責任は負えなくて当然だからです。

ところが，判例は，コピーやファックスによる複写物について，原本を正確に再現することができることから，文書として刑法上保護されるという姿勢を示しています（最判昭和51年4月30日刑集30巻3号453頁・広島高岡山支判平成8年5月22日高刑集49巻2号246頁）。この点については，学説上，疑問視する声が少なくありません。

## 3 偽造の意義

文書の偽造には，①権限なく他人名義の文書を作成すること（有形偽造）と②文書の作成権限をもつ者が内容虚偽の文書を作成すること（無形偽造）があります。このうち有形偽造の処罰を原則とする立場は，誰が文書を作ったのかという形式的な成り立ちの正しさを問題にすることから形式主義と呼ばれ，無形偽造を原則とする立場は，内容の実質的な正しさを問題にすることから，実質主義と呼ばれます。

現行刑法は，公文書については，形式主義と実質主義を併用し，私文書については，形式主義を原則としています（無形偽造が処罰されるのは虚偽診断書

作成罪〔160条〕のみ)。このように形式主義の立場が重視されている理由は，名義人が明らかであれば，内容が虚偽であっても，当事者の間でその責任を追及することができるという点に求めることができるでしょう。

文書の「偽造」に該当するのは，それを見た一般人が，本物と誤信するだけの外観をつくり出した場合に限られます。原本の本質的な部分に改ざんを加えると，変造ではなく，偽造になります（最決昭和35年1月12日刑集14巻1号9頁)。

### 4 文書偽造罪の実態

文書偽造罪の実態を把握するため，認知件数の推移を見てみると，1950（昭和25）年に7,746件を記録するピークを迎えたほかは，長い間，5,000件台から7,000件台で推移していましたが，1978（昭和53）年から増加に転じ，1981（昭和56）年に，1万件を超えると，1984（昭和59）年の14,244件を頂点に，1992（平成4）年までほぼ毎年1万件以上を記録し続けました。その後も，1998（平成10）年まで9,000件台で推移していましたが，1999（平成11）年に，9,000件を切ると，徐々に減少し，2012年は，2,123件でした（図35参照)。

**図35 文書偽造罪の認知件数の推移**

1950年 (7,746件)
1984年 (14,233件)
2012年 (2,123件)

## 5 公文書偽造罪と私文書偽造罪
### (1) 公文書偽造罪

行使の目的で，公務所または公務員の作成すべき公文書を偽造すると，公文書偽造罪が成立します。公文書偽造罪には，①有印公文書の有形偽造（155条1項），②有印公文書の有形変造（同2項），③無印公文書の有形偽造・変造（同3項），④有印公文書の無形偽造・変造および無印公文書の無形偽造・変造（156条）が含まれます。

公務所や公務員の印章や署名が用いられた文書は，社会的な信用も高いことから，その偽造・変造の罪に対する法定刑は重くなっているのです。有印公文書の具体例としては，住民票，印鑑証明書，納税証明書，運転免許証などをあげることができます。これに対して，無印公文書の具体例としては，旧国鉄の駅名札（大判明治42年6月28日刑録15輯877頁）や物品税証紙（最決昭和29年8月20日刑集8巻8号1363頁）などをあげることができます。

### (2) 私文書偽造罪

行使の目的で，私人が作成名義人である文書のうち，権利・義務または事実証明に関するものについて偽造をすると，私文書偽造罪が成立します。公文書と同様，私文書偽造罪にも，①有印私文書偽造（159条1項），②有印私文書変造（同2項），③無印公文書偽造・変造罪（同3項）が含まれますが，無形偽造については，医師が公務所に提出すべき診断書，検案書または死亡証書に虚偽を記載したときに限って処罰され（160条），無形変造については，処罰されません。

権利・義務に関する有印私文書の具体例としては，借用証書（大判大正4年9月2日新聞1043号31頁），弁論再開申立書（大判昭和14年2月15日刑集18巻46頁），無記名定期預金証書（最決昭和31年12月27日刑集10巻12号1798頁）をあげることができます。これに対して，事実の証明に関する有印私文書の具体例としては，郵便局への転居届（大判明治44年10月13日刑録17輯1713頁），私立大学の成績原簿（東京地判昭和56年11月6日判時1043号151頁），私立大学の入学試験答案（最決平成6年11月29日刑集48巻7号453頁）などをあげることができます。

## 6　電磁的記録の不正作出

　コンピュータ等の普及により，従来であれば，事務処理に用いるため文書化されていたものが，文書化されず，電磁的記録の形で記録・保存されるケースが増えてきました。文書偽造と同様に，こうした電磁的記録の改ざんが，経済取引や社会的な活動を妨げる危険性は軽視できないことから，1987（昭和62）年に，刑法が改正され，電磁的記録不正作出罪（161条の2）が新設されました。そこでは，人の事務を誤らせる目的で，私人が事務処理に用いる権利・義務または事実の証明に関する電磁的記録を不正に作出したり（1項），公務所または公務員によって作られるべき電磁的記録を不正に作出する（2項）ことを犯罪とし，文書偽造と同様，後者について，重い法定刑がおかれています。

　ただし，161条の2は，文書偽造罪の補充規定として設けられたという経緯から，「不正作出」とは，「権限なく」という意味で解され，権限を有する者が内容虚偽の記録を作る場合は含まないものと考えられます。したがって，公的な電磁的記録の無形偽造的なケースについて，電磁的記録不正作出罪は成立しないことになるでしょう。

# IV　支払用カード電磁的記録不正作出罪

## 1　支払用カード電磁的記録不正作出罪
### (1)　支払用カード電磁的記録不正作出罪の意義

　過去20年ほどの間に，日本でも，クレジットカード，デビットカード，プリペイドカードなど，現金に代わる支払い機能もつカードが急速に普及しました。こうしたカードは，私たちの日常生活を便利にしてくれましたが，その一方で，支払用カードの偽造や偽造カードの不正使用といった新しい社会問題を生み出しました。しかも，これらの社会問題は，次第に国際的な規模で行われるようになり，甚大な被害をもたらすようになっていきました。ところが，従来の刑法には，支払用カードそのものを保護するための規定がないことから，キャッシュカードは，私文書や電磁的記録として，プリペイド

カードは有価証券として，部分的な保護が図られるにとどまっていました。しかし，電磁的記録には，交付や所持を処罰する規定がなく，作成名義人などが何も記されていない「ホワイトカード」にプリペイドカードの機能を不正にもたせても，有価証券偽造罪には該当しないなど，問題点が少なくありませんでした。

そこで，2001（平成13）年の刑法改正において，支払用カードに対する社会的な信用を包括的に保護するための規定が設けられ，①支払用カード電磁的記録不正作出罪（163条の2），②不正電磁的記録カード所持罪（163条の3），③支払用カード電磁的記録不正作出準備罪（163条の4）が新設されたのです。なお，デビッドカード機能を有するキャッシュカードへの社会的な信用を保護するためには，キャッシュカードの電磁的記録も保護する必要性が認められることから，本罪の客体には，支払用カードだけでなく，預貯金の引出用カードを構成する電磁的記録も含まれます。

(2) 支払用カード電磁的記録不正作出罪の認知件数の推移

支払用カード電磁的記録不正作出罪の認知件数の推移をみてみると，2004（平成16）年の620件をピークにして，その後は減少傾向にあり，2012（平成24）年は，127件でした（図36参照）。

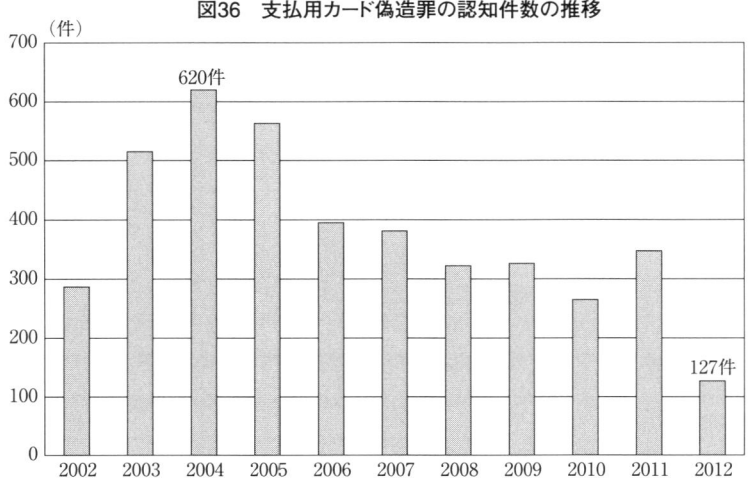

図36 支払用カード偽造罪の認知件数の推移

## 2 支払用カード電磁的記録の不正作出・供用・譲り渡し等

### (1) 不正作出

　支払用カードの社会的な信用を保護するため，現行刑法は，そうしたカードの電磁的記録の①不正作出，②供用および③譲り渡し等を犯罪として規定しています。このうち「不正作出」とは，権限なく，支払用カードの磁気データ部分を作ることをいいます。本罪は，電磁的記録がカードと一体化した時点で既遂になります。

### (2) 「不正作出」の前後の行為

　近時のカード犯罪の特徴として，カードの情報の不正作出から始まり，カードの偽造，偽造カードの使用までが，分業され，組織的に実施される傾向にある点を指摘することができます。そこで，刑法は，電磁的記録の「不正作出」だけでなく，その前後の行為をも犯罪としています。具体的には，①供用，②譲り渡し，③貸し渡し，④輸入，⑤所持，⑥作出準備の各行為です。

　このうち，「供用」とは，電磁的記録部分を不正に作出された支払用カードを財産上の事務処理の用に供することを意味します。②「譲り渡し」とは，相手方に処分権限を与える趣旨で当該カードを引き渡すことを言います。有償・無償を問わず，金券ショップへの売却のように，不正カードであることを相手方が知らないケースも「譲り渡し」に該当します。③「貸し渡し」とは，相手方に貸与する趣旨で当該カードを引き渡すことを指します。④「輸入」とは，当該カードを国外から国内に搬入することを言います。支払用カードに対する社会的信用を侵害する危険性が認められる必要があることから，単に，日本の領空や領海を通過するだけでなく，陸揚げや荷下ろしをされなければ，輸入とは認められません。⑤「所持」とは，不正カードを事実上支配していることを意味し，必ずしも，携帯している必要はありません。カードは，何度でも使用できるため，所持するだけでも，社会的な信用を侵害する危険性が高くなります。そこで，現行刑法は，「供用」の予備的行為である「所持」自体を処罰することとしているのです。⑥「作出準備」とは，電磁的記録の情報取得，情報提供，情報保管のほか，不正作出のための器械や原料の準備を含む概念です。法益保護の観点から，「処罰の前倒し」

を図ったものといえるでしょう。なかでも，情報取得は，スキミングと呼ばれるカード情報の不正複写を念頭において盛り込まれたもので，カード犯罪の取締りにとってきわめて重要性が高い一方で，情報窃盗を不可罰としてきた現行刑法の原則に反するため，疑問も呈されています。

## V　有価証券偽造罪と印章偽造罪

### 1　有価証券偽造罪
#### (1)　有価証券偽造罪の意義

偽造犯罪としては，このほかに，有価証券偽造罪と印章偽造罪が規定されています。このうち，有価証券偽造としては，財産上の権利を表示した証券で，その権利の行使や処分に，証券の占有を必要とする「有価証券」の①偽造，変造罪（162条1項），②虚偽記入（同2項）および③偽造有価証券の行使（163条1項）が定められています。

支払用カード不正作出罪が整備されたほか，2005（平成17）年に制定された新会社法において，株式会社の株券発行が不要とされたことから，その役割は従来に比べて限定されつつありますが，国債証券，手形・小切手，船荷証券，商品券など有価証券の社会的意義は小さくありません。そこで，通貨と文書の中間的な存在である有価証券に対して，固有の保護を図っているのです。

#### (2)　有価証券偽造罪の認知件数の推移

有価証券偽造罪の実態を把握するため，認知件数の推移を見てみると，1960年台前半まで4,000件を超えていましたが，1967（昭和42）年に2,000件を切ると，1980年代前半までは，2,000件前後で推移していました。その後は1992（平成4）年と1996（平成8）年を除き，1,000件前後で推移し，さらに，2001（平成13）年以降は500件を下回るまでに減少し，2007年は111件，2012（平成24）年は119件と，100件台にとどまっています（**図37**参照）。

**図37 有価証券偽造罪と印章偽造罪の認知件数の推移**

(グラフ：1945年から2012年までの有価証券偽造と印章偽造の認知件数の推移。1964年に有価証券偽造が4,544件でピーク、1950年に印章偽造が921件、2012年は119件)

## 2 印章偽造罪

### (1) 印章偽造の意義

日本では，公的文書や契約書などの私文書に，人の同一性を証明する手段として，当事者の印章・署名が使用されます。こうした印章・署名の偽造は，印章・署名への社会的な信用を損なうことにつながりかねません。そこで，現行刑法には，①御璽等偽造罪（164条１項），②御璽等不正使用罪（同２項），③公印等偽造罪（165条１項），④公印等不正使用罪（同２項），⑤公記号偽造罪（166条１項），⑥公記号不正使用罪（同２項），⑦私印等偽造罪（167条１項），⑧私印等不正使用罪（同２項）が定められています。

### (2) 印章と署名

ここでいう「印章」とは，人の同一性を証明するために使用される文字または符号の印影を指し，「公印」と「私印」に分類することができます。このうち「公印」とは，公務所や公務員の印章を意味し，天皇の印章の印影である「御璽」，日本国の印章の印影である「国璽」も，「公印」の印影の一種

ですが，その使用場面の重要性をふまえ，とくに法定刑が重く設定されています。他方，「私印」とは，私人の印章を指します。

これに対して，「署名」とは，その主体たる者が自己の表彰する文字によって氏名その他の呼称を表記したものをいいます（大判大正5年12月11日刑録22輯1856頁）。「御名」は，「署名」のうち，天皇の署名を意味します。

(3) 印章偽造罪の認知件数の推移

印章偽造罪の認知件数の推移を見てみると，1950年に921件を記録しましたが，徐々に減少し，1980年代以降は，100件未満で推移しています。2012(平成24)年は59件でした（図37参照）。

第12講
# 汚職犯罪

## I　汚職犯罪の今日的意義

　政治家をはじめとする公務員によって犯される汚職犯罪は，ビジネス犯罪とならんで，ホワイト・カラー犯罪の典型例といえるでしょう。その存在は，「犯罪は，貧困層や低学歴層によって犯される」という理解が誤っていることを証明しています。

　日本国憲法は，政治家を含めて公務員は国民全体の奉仕者でなければならないと定めています (15条2項)。司法，行政，立法の作用を担う公務員たちには，それぞれの職務に応じて，さまざまな特別の権限が与えられています。そうした職務上の権限を私益や特定の者への便宜を図るために用いることを許しては，国家の基本作用は機能不全を起こし，国民の信頼を失うことになりかねません。

　江戸時代の大老田沼意次の時代がしばしば例にひかれるように，汚職犯罪は，古くから存在する伝統的な犯罪類型です。しかし，今日の日本国憲法の下では，単に権力を濫用し，私利私欲を貪っているというだけでなく，全体の奉仕者であるべき公務員が，主権者である国民からの信頼に背いているという点で，一層の重要性が認められます。

　汚職犯罪の具体例としては，①賄賂罪と②職権濫用罪がありますが，広義には，③あっせん利得処罰法違反や政治資金規正法違反も含むことができます。以下では，これらの犯罪について，検討を加えていきたいと思います。

## II 賄賂罪

### 1 賄賂罪の意義
#### (1) 賄賂罪の性格
　賄賂罪は，万国共通の犯罪ですが，その適用範囲は，国によって開きがあります。たとえば，イギリスでは，国会議員に対する賄賂は処罰されません。これは，議会制民主主義制度の下で，国会議員の出処進退は，国会内の倫理綱領と選挙の際の民意によって決められるべきという理念に基づくものと理解することができます。これに対して，日本では，ドイツと同様に，国会議員を含む公務員に対する賄賂が犯罪とされています。こうした開きは，国ごとの賄賂罪の位置づけの相違によって生じていると言えるでしょう。

#### (2) 賄賂罪の特徴
　日本の刑法は，最近まで，ほとんど改正されることのない法律でした。そうした中で，例外的に，数度にわたって改正が加えられてきたのが賄賂罪の規定です。このように賄賂罪の規定に一度ならず改正が加えられてきた理由は明快です。昭和電工疑獄事件，ロッキード事件，リクルート事件など，過去に大規模な汚職事件が発覚し，「政治とカネ」の問題に社会の批判が集まる度に，そうした批判を和らげる対策として，賄賂罪規定の適用範囲の拡大や厳罰化が図られてきたのです（**表10**参照）。

#### (3) 賄賂罪の種類
　このように度重なる改正を経て，現行刑法には，大別して，①単純収賄罪（197条1項前段），②受託収賄罪（同条1項後段），③事前収賄罪（同条2項），④第三者供賄罪（197条の2），⑤加重収賄罪（197条の3第1項），⑥事後収賄罪（同条3項），⑦あっせん収賄罪（197条の4），⑧贈賄罪（198条）という8種類の犯罪が定められています。

　このうち，①単純収賄罪は，公務員が，その職務の対価として，賄賂を収受し，またはその要求もしくは約束をすることによって成立します。②受託収賄罪は，公務員が，将来一定の行為を行うように依頼（請託）を受け，その対価として賄賂を収受し，またはその要求もしくは約束をすることによっ

表10　汚職事件と対策立法の変遷

| 年 | 事　件 | 立　法 |
|---|---|---|
| 1948 | 昭和電工疑獄事件発覚 | 政治資金規正法の制定 |
| 1953 |  | 刑法改正（あっせん収賄罪の新設） |
| 1954 | 造船疑獄事件発覚 |  |
| 1967 | 共和精糖事件発覚 |  |
| 1975 |  | 政治資金規正法改正（収支公開の強化・寄附の量的制限） |
| 1979 | ロッキード事件問題化 |  |
| 1980 |  | 刑法改正（収賄罪の法定刑引上げ）<br>政治資金規正法改正（政治家個人の収支報告の義務化） |
| 1986 | 撚糸工連事件発覚 |  |
| 1988 | リクルート事件発覚 |  |
| 1991 | 共和事件発覚 |  |
| 1992 | 東京佐川事件発覚<br>「金屏風」事件問題化 | 政治資金規正法改正（規制の強化）<br>刑法改正（罰金刑の引上げ） |
| 1993 | ゼネコン汚職事件発覚 | 政治資金規正法改正案（企業献金の廃止）否決 |
| 1994 | 埼玉土曜会事件発覚 | 政治資金規正法改正（情報公開の強化） |
| 1996 | 泉井献金疑惑事件発覚 |  |
| 1998 | 大蔵省接待汚職事件発覚<br>防衛庁汚職事件発覚 |  |
| 2000 | 旧建設省発注入札汚職事件発覚 | あっせん利得処罰法の法制化<br>政治資金規正法改正（団体による献金の制限） |
| 2001 | KSD事件発覚 |  |
| 2003 | 日歯連不正献金事件発覚 |  |
| 2005 |  | 政治資金規正法改正（政党および政治資金団体以外の政治団体間の献金額制限） |
| 2006 | 「事務所費問題」問題化 |  |
| 2007 |  | 政治資金規正法改正（政治資金管理団体の収支報告義務の強化） |
| 2008 | 政治資金報告書虚偽記載問題化 |  |
| 2009 | 「親子献金」事件発覚 |  |

て成立します。③事前収賄罪は，議員立候補者や公務員採用内定者など，将来，公務員になろうとする者が，請託を受け，その対価として賄賂を収受し，またはその要求もしくは約束をすることによって成立します。ただし，行為者が処罰されるのは，本当に公務員になった場合に限られます。④第三者供賄罪は，公務員が，請託を受けて，その対価として賄賂を第三者に供与させ，またはそうした供与を要求もしくは約束することによって成立します。⑤加重収賄罪は，①〜④の犯罪を実行し，実際に不正の行為をしたり，相当の行為をしなかったときに成立します。収賄行為と不正行為との間に対価関係が認められれば，いずれが先行しても犯罪は成立します。⑥事後収賄罪は，公務員であった者が，その在職中に請託を受けて行った不正行為等の対価として，賄賂を収受し，またはその要求もしくは約束をすることによって成立します。⑦あっせん収賄罪は，公務員が，請託を受け，その対価として，他の公務員に職務上不正な行為を行わせるように，または相当の行為を行わせないようにあっせんすること，またはあっせんしたことの対価として，賄賂を収受し，またはその要求もしくは約束をすることによって成立します。⑧贈賄罪は，①〜⑦の賄賂を供与し，または申込みもしくは約束することによって成立します（**表11**参照）。

このほかにも，競馬法32条の2，土地改良法140条，都市計画法89条などにも，賄賂罪処罰規定がおかれています。

### (4) 賄賂罪の保護法益

賄賂罪の保護法益について，学説上，かつては，公務の不可買収性に求める見解（不可買収性説）と職務行為の公正と解する見解（純粋性説）が対立していました。しかし，賄賂罪の基本となる単純収賄罪が，職務に関連して，賄賂を収受すれば成立し，実際に職務が賄賂によって左右されたことや職務が不正であることまで要求していない点をふまえると，これらの見解では，本罪の保護法益をうまく説明できません。そこで，今日では，公務員の職務の公正とこれに対する社会の信頼を賄賂罪の保護法益とする見解（信頼保護説）が広く支持されるようになっています。また，判例も，同様の立場を採用しています（大判昭和6年8月6日刑集10巻412頁・最大判昭和34年12月9日刑集13巻12号3186頁）。

表11　各賄賂罪の成立要件

| 罪名 | 条項 | 主体 | 職務関連性 | 請託 | 賄賂の収受・要求・約束 | 不正行為の存在 or 相当行為の不存在 |
|---|---|---|---|---|---|---|
| 単純収賄罪 | 197条1項前段 | 公務員 | ○ | × | ○ | × |
| 受託収賄罪 | 197条1項後段 | 公務員 | ○ | ○ | ○ | × |
| 事前収賄罪 | 197条2項 | 公務員になろうとする者 | ○ | ○ | ○ | × |
| 第三者供賄罪 | 197条の2 | 公務員 | ○ | ○ | 第三者への賄賂 | × |
| 加重収賄罪 | 197条の3第1項 | 公務員 | ○ | ○・× | ○ | ○ |
| | 197条の3第2項 | 公務員 | ○ | × | ○ | ○ |
| 事後収賄罪 | 197条の3第3項 | 公務員であった者 | ○ | ○（在職中） | ○ | ○ |
| あっせん収賄罪 | 197条の4 | 公務員 | × | ○ | ○ | ○・× |
| 贈賄罪 | 198条1項 | 制限なし | 197条から197条の4の賄賂の供与またはその申込みもしくは約束 | | | |

## 2　賄賂罪の実態
### (1)　賄賂罪の動向

　賄賂罪の実態を把握するため，まず賄賂罪の認知件数の推移を見てみると（図38参照），1949（昭和24）年に8,941件を記録しましたが，その後は，急速に減少し，1959（昭和34）年には，584件となりました。その後は，1,000件台が続き，1977（昭和52）年からは1000未満，1989（平成元）年以降は200件以下で推移し，2012（平成24）年には戦後最少の43件を記録しました。

### (2)　賄賂罪の特徴

　行為者を公務員の種類別にみると，地方公務員の割合が高く，全体の半数を占める状況は，長年変わりません。これに次いで大きな割合を占めるのは，地方議員と国家公務員です。罪名に収賄を含む全事件の2012（平成24）年検察庁新規受理人員44人についてみてみると，地方公務員（警察職員を除く）が10人で22.7％，国家公務員も10人で22.7％，地方議会議員が22人で50

162　第12講　汚職犯罪

図38　賄賂罪の認知件数の推移

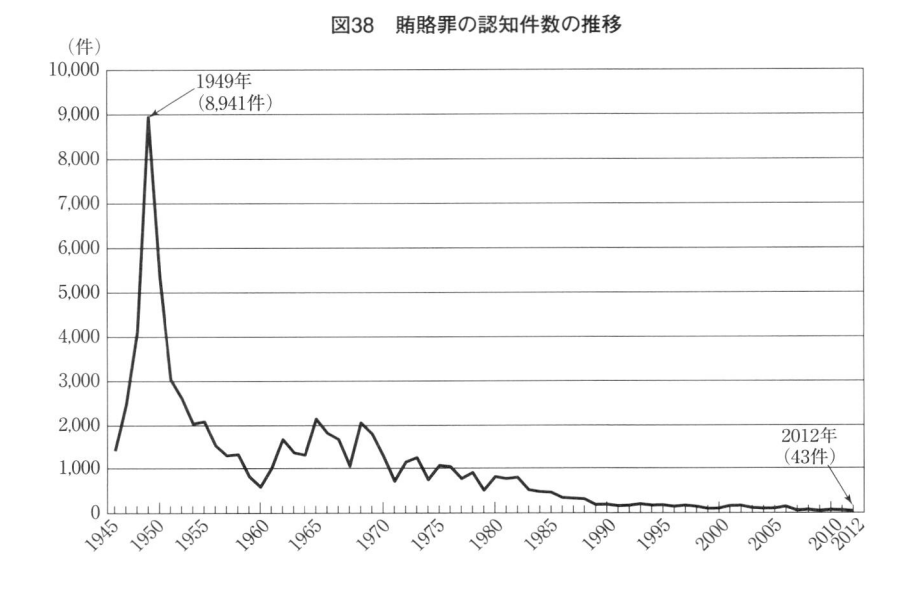

図39　公務員の種類別でみた賄賂罪の検察庁新規受理人員

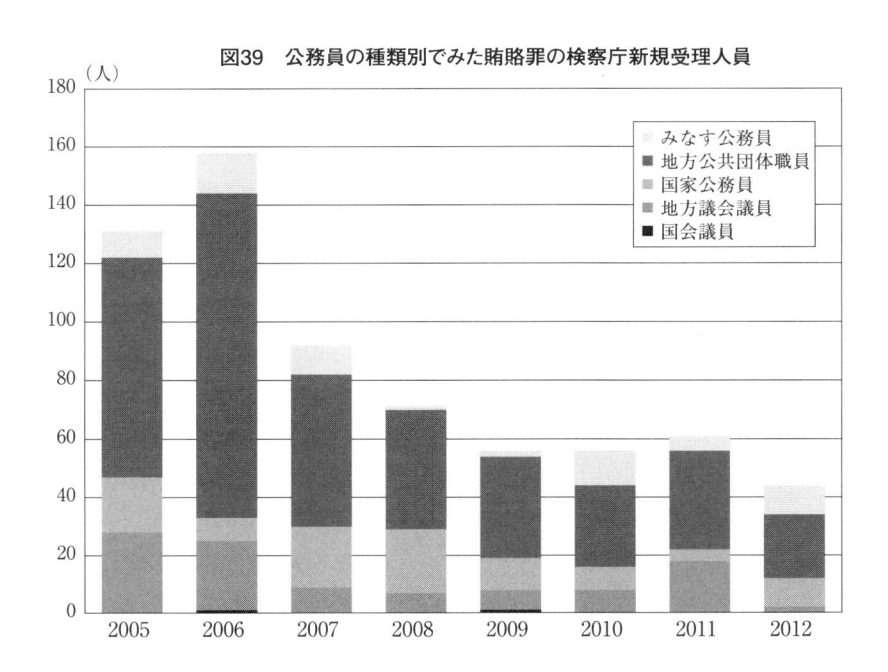

％でした。これに対して，国会議員による汚職事件は，社会的に大きなインパクトをもちますが，国会議員が収賄罪で検挙される例は，ごく少数にとどまるのが実情です（**図39**参照）。

## 3 賄賂罪の基本構造
### (1) 賄賂の意義
　賄賂罪でいう「賄賂」とは，職務と対価関係が認められる不正な報酬としての利益を意味します。現金や高価な物品などの有形物はもちろん，債務の肩代わり（大判大正14年4月9日刑集4巻219頁），ゴルフクラブの会員権（最決昭和55年12月22日刑集34巻7号747頁），就職のあっせんの約束（大判大正14年6月5日刑集4巻372頁），異性間の情交（最判昭和36年1月13日刑集15巻1号113頁）など，人の需要や欲望を満たすあらゆる利益が包含されます（大判明治43年12月19日刑録16輯2249頁）。

> **社交儀礼と賄賂**　日本では，中元，歳暮，年賀，餞別，祝儀など，贈答が日常的に行われています。では，こうした社交儀礼の範囲内で，職務行為との対価性が認められる贈答が，公務員に対して行われた場合，賄賂罪は成立するのでしょうか。判例は，原則として，賄賂罪の成立を認めてきました（大判昭和4年12月4日刑集8巻609頁）。学説では，こうした姿勢を支持する見解も見られますが，日本の文化的な慣行として定着している社交儀礼まで，犯罪とするのは行き過ぎという問題意識から，「公務の公正が害されていない」，「対価性が希薄で賄賂性が失われる」などとして，賄賂罪の成立を否定する見解も有力です。
> 　こうしたグレーゾーンへの対応として，2000（平成12）年に施行された国家公務員倫理法は，本省課長補佐級以上の職員が事業者等から5,000円を超える贈与等を受けた場合に，省庁の長に報告する義務を課しました。

### (2) 職務関連性
　賄賂罪が成立するためには，賄賂が，職務に関連し，収受等されたことが必要です。「職務」とは，当該公務員がその地位に伴い公務として取り扱うべき一切の執務を指します（最判昭和28年10月27日刑集7巻10号1971頁）。賄賂との対価関係が認められる限りは，当該公務員が具体的に担当している事務だけでなく，一般的職務権限に属するものも，担当の可能性が否定できない以上，職務と解されます（最大判平成7年2月22日刑集49巻2号1頁）。

さらに，厳密には，本来的な職務権限に属さないとしても，その職務権限と密接な関係を有する行為（職務密接関連行為）については，職務の範囲に含まれると解されます（大判大正2年12月9日刑録19輯1393頁）。具体的には，①本来的には違うのに，慣行上，担当している職務・本来的な職務から派生した職務と②自らの職務に基づく事実上の影響力を利用する行為などが，これに当たります。

国家公務員や地方公共団体職員に比べ，議員の職務権限は明確でありません。とくに，企業などからの請託を受けて，公務員等に「口利き」を行う行為は，職務権限との関連性が希薄なために，「職務関連性」を認めることが難しいというのが現実です。

### 4　あっせん利得処罰法

前述したように，「口利き」に賄賂罪の適用が困難である一方で，そうした行為に対する社会的な批判が高まったことから，2000（平成12）年には，公職にある者等のあっせん行為による利得等の処罰に関する法律（あっせん利得処罰法）が制定され，国会議員や地方議会議員が，公務員等に口利きし，その見返りとして報酬を受ける行為や，国会議員の公設秘書による同様の行為が処罰されることになりました。

同法は，公職にある者の政治活動の廉潔性を保持し，それによって国民の信頼を得ることを目的に作られました。本法については，①立証困難な「請託」が要件とされている，②第三者供賄行為が処罰の対象に含まれていない，③行政指導に対する口利きが対象に含まれていないなど，問題点も指摘されています。したがって，その効果については，しばらく推移を見守る必要があるでしょう。

# III 政治資金規正法違反

## 1 政治資金規正法の意義
### (1) 政治資金規正法の目的

「政治とカネ」の問題は複雑ですが,賄賂罪は,職務と対価関係にある利益供与のみを取締りの対象としています。これでは,健全で公正な政治活動を求める社会の声に応えることはできません。そこで,GHQからの指示もあって,政治資金による政治腐敗の防止を図るために1948(昭和23)年に議員立法によって制定されたのが,政治資金規正法です。1950(昭和25)年以前と1970年代前半を除いて,同法の適用例は少数にとどまっていましたが,1990年代以降,同法違反の検察庁新規受理人員は増加しています(図40参照)。

同法では,政治団体および公職の候補者の政治活動が,国民の不断の監視と批判の下に行われるようにするため,①政治団体の届出,②政治団体にかかる政治資金の収支の公開ならびに③政治団体および公職の候補者にかかる

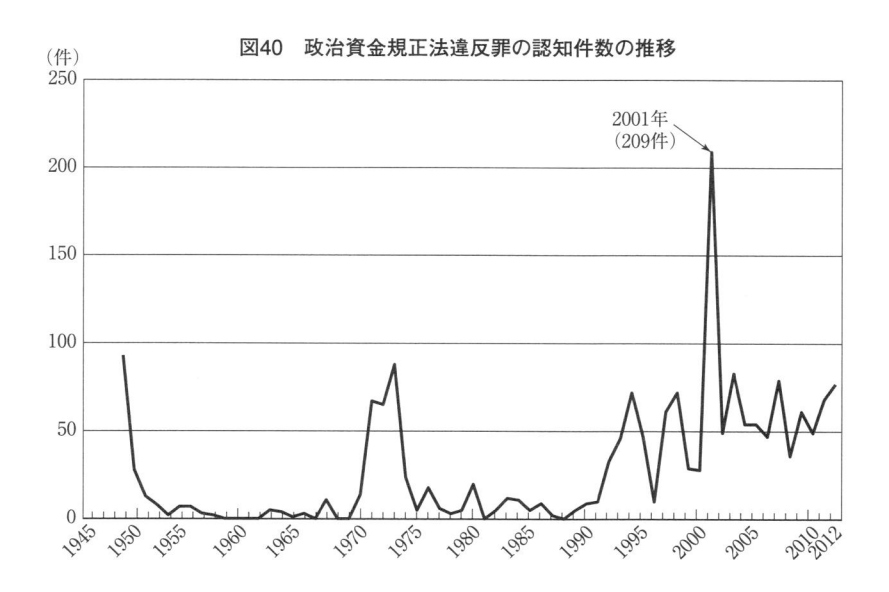

図40 政治資金規正法違反罪の認知件数の推移

政治資金の授受の規正などを講じることにより，政治活動の公正と公明を確保し，もってわが国における民主政治の健全な発達に寄与することが目的とされており（1条），そのために法律の名称も政治資金の「規制」ではなく「規正」とされています。

こうした目的を達成するため，政治資金規正法は，これまでに何度も改正されてきました。そうした改正は，刑法における賄賂罪の規定の改正と同様，汚職スキャンダルに対応する形で重ねられてきたといえるでしょう（**表10参照**）。

### (2) 政治資金規正法の基本スタンス

ただし，こうした一連の改正の流れにおいても，基本的には，政治にコストがかかること自体は肯定され，そのうえで，誰から，どのように資金を入手したかという流れの透明性をいかに確保するのが望ましいかが模索されてきました。そうした中で，最も厳しい改正が試みられたのが，1993（平成5）年の企業献金の廃止を内容とする法案でした。相次ぐ汚職スキャンダルによって政治不信がピークに達していた当時，選挙制度の改革や政党助成金の導入などを含めて，「政治とカネ」のあり方について，抜本的な見直しが目指されたのです。しかし，この法案は否決されたため，日本では，今日でも，企業による政治献金は適法とされています。

## 2 罰則の概要

### (1) 政治資金規正法の罰則

政治資金規正法は，収支報告や寄附制限等の履行を担保するために，以下のような罪と罰を定めています（米澤〔1996〕28頁）。

①無届団体の寄附の受領，支出の禁止違反の罪（23条）について，5年以下の禁錮または100万円以下の罰金。②政治団体の会計処理に関する義務違反の罪（24条）について，5年以下の禁錮または100万円以下の罰金。③収支報告書の不提出，不記載，虚偽記載の罪（25条）について，5年以下の禁錮または100万円以下の罰金。④寄附の量的制限違反（26条）について，1年以下の禁錮または50万円以下の罰金。⑤寄附の質的制限違反（法第26条の2）について，3年以下の禁錮または50万円以下の罰金。このうち④と⑤について

は，付加刑として没収・追徴を言い渡すこともできます。

## （2）　公民権の停止

　政治資金規正法違反の罪を犯した者は，刑罰を科されるだけでなく，次の期間，公民権（公職選挙法に規定する選挙権及び被選挙権）を停止されます。①禁錮刑に処せられた者は，裁判の確定日から刑期が終わるまでの間とその後の5年間。②罰金刑に処せられた者は，裁判の確定日から5年間。③執行猶予の言渡しを受けた者は，裁判の確定日から執行猶予の解除までの期間。

## 3　政治資金規正法の課題

　前述したように，政治資金規正法は，「政治にはお金がかかる」ことを肯定した上で，その出所や使い道を明らかにすることで，国民の理解を得ようとしてきました。したがって，政治家が，企業から職務との関連性が明確でない巨額の金銭を受け取っていたとしても，そのこと自体は違法でなく，収支報告書に記載していなかった場合などに，収支報告書虚偽記載の罪（25条）が成立するに過ぎないのです。

　1993（平成5）年，ゼネコンから受け取った裏金10億円分を隠し持っていたことが発覚した元自由民主党副総裁は収支報告書虚偽記載の罪で在宅起訴されました。また，2003（平成15）年には，自由民主党の派閥の領袖であった元総理大臣が，日歯連から1億円の献金を受け取りながら，適正な会計処理を行っていなかったことが明らかになりました。さらに，2008（平成20）年には，当時の野党第一党の民主党党首が，政治資金規正法に義務づけられた政治資金報告書に虚偽記載を行ったとして，2009（平成21）年には，総理大臣が，実母から提供された巨額の政治資金を政治資金報告書に記載していなかったとして，それぞれ会計責任者が起訴されるスキャンダルが世間を賑わせました。

　これらの事件は，社会的に強い批判を受けましたが，そうした批判は，適正な会計処理を行わなかったことに対する批判なのでしょうか。社会は，政治家に高いモラルと廉潔さを要求しており，そうした要求に応えなかった点に批判が高まったのではないでしょうか。もし，この考え方が正しいとすれば，そうした社会の要求と政治資金規正法の内容の乖離は大きすぎるといえ

るでしょう。その意味で，汚職犯罪の根絶には，政治資金規正法のあり方を根本から見直すことが必要なのかもしれません。

## IV　職権濫用罪

### 1　職権濫用罪の意義

　刑法が規定する公務員による汚職犯罪のもう1つの類型が，職権濫用罪です。具体的には，①公務員職権濫用罪（193条），②特別公務員職権濫用罪（194条），③特別公務員暴行陵虐罪（195条），④特別公務員職権濫用致死傷罪・特別公務暴行陵虐致死傷罪（196条）が規定されています。

　これらの犯罪は，一次的には，国家の行政作用等の適正な運用を保護し，併せて二次的に，職権濫用の相手方になった者の自由や権利を保護することを目的としています。現在では，適用例のきわめて少ない犯罪ですが，公務員による拷問を禁止した日本国憲法36条を担保する重要な役割を担っています。

### 2　4つの職権濫用罪

　職権濫用罪のうち，①公務員職権濫用罪は，公務員が，その一般的職務権限を濫用して，人に義務のないことを行わせ，または行うべき権利を妨害すると成立します。②特別公務員職権濫用罪は，裁判官，検察官，巡査部長以上の司法警察員およびこれらの職務を補助する者（裁判所事務官，検察事務官，司法巡査など）が，その職権を濫用して，人を逮捕・監禁すると成立します。逮捕・監禁罪の加重類型であると同時に，公務員職権濫用罪の特殊類型という側面をもつ犯罪です。③特別公務員暴行陵虐罪は，裁判官，検察官，巡査部長以上の司法警察員およびこれらの職務を補助する者が，その職務を行うにあたり，被告人，被疑者，その他の者に対して暴行または精神的・身体的苦痛を伴うその他の方法での虐待（陵辱または加虐）を行うと成立する犯罪です。④特別公務員職権濫用致死傷罪・特別公務暴行陵虐致死傷罪は，②や③の犯罪によって，人を死傷させたときの結果的加重犯です。

## 第13講
# 新しいタイプの犯罪(その1)
### ——私的空間で起こる犯罪——

## I　私的空間で起こる「犯罪」

　過去10年ほどの間に,日本では,ストーキング,ドメスティック・バイオレンス(DV),児童虐待といった社会問題への関心が高まっています。従来,これらの問題に対して,刑法は,消極的な対応をとってきました。その理由は,これらの問題が,「私的空間(private space)」で生じていたからです。

　憲法によって,個人の自由や権利を幅広く保障されている今日の日本において,個人のプライバシーや私的自治を尊重することには,たいへん重要な意義が認められます。とりわけ,刑法は,「法は家庭に入らず」,「民事不介入」などの原則にもつながる「刑法の謙抑性」の原則を尊重しなければなりません。ストーキング,DV,児童虐待が,恋愛関係,夫婦関係,親子関係の中で生じたトラブルと捉えられる面がある以上,刑法が消極的な対応をとってきたことにも一理あるのです。

　しかし,実際にこれらの問題の発生件数が増加し,被害者が命を落とす事例まで起こると,あまりにも頑なに「刑法の謙抑性」を守ることは,かえって,加害者側を不当に保護することにつながるという認識が広がっていきました。民事の問題として放置しておくことは,「犯罪ではない」というお墨付きを与えているに等しいというわけです。こうした問題意識から,日本でも,これら3つの問題に,刑事法も含めた積極的な対応が講じられるようになりました。

## II　ストーキング

### 1　ストーキングの意義

　ストーキング（stalking）とは，特定の個人に対して，身体的・視覚的な接近，被害者が望まないコミュニケーション，脅迫などをくり返すことを指します。こうした行為は，被害者に対する加害者の好意的な感情が，歪んだ形で現れた結果であることが多いと言われます。ストーキングは，しばしば，被害者に深刻な精神的被害をもたらします。また，行為がエスカレートし，被害者の身体や生命にまで被害が及ぶことも少なくありません。

　従来の日本は，私人間のトラブルであり，可視的・物理的な被害が生じないケースも少なくなかったことから，その行為を特別に刑事規制の対象にはしていませんでした。しかし，2000（平成12）年5月に「ストーカー行為等の規制等に関する法律（ストーカー規制法）」が成立し，同年11月に施行されたことによって，ようやく日本でも，「ストーカー」への法的対応が施されたのです。

### 2　ストーカー規制法成立の経緯
#### (1)　従来の対応の限界

　ストーカー規制法の成立以前にも，ストーキングが犯罪となる可能性はありました。たとえば，被害者が生命・身体に対する危害を加えられた場合には殺人罪や暴行罪・傷害罪が，自動車や家屋の一部などを損壊された場合には器物損壊罪や建造物等損壊罪が成立することは当然です。また，執拗に繰り返される迷惑電話などについて，内容によっては脅迫罪，強要罪，威力業務妨害罪などに該当することもあり得るでしょう。さらに，軽犯罪法には，窃視や追随を禁じた規定があり（1条23号・28号），のぞきやつきまといといった行為に対して適用することもできないわけではありませんでした。

　しかし，殺人罪，傷害罪，器物損壊罪などは，ストーキングからエスカレートした違法行為に向けられたものであって，ストーキングそのものではありません。また，その他の犯罪についても，「民事不介入」や「刑法の謙抑

性」が要求される警察にとっては，被害者からの訴えがあったとしても，加害者が被害者の元恋人であったり，逆に見ず知らずの人物であり特定できない事案がほとんどを占めるストーキングに対応することは難しいというのが現実でした。

### (2) ストーカー規制法制定の背景

日本と同様，アメリカ合衆国でも，かつてはストーキングそのものを規制する法律はありませんでした。しかし，1989（平成元）年に，女優のレベッカ・シェーファーが，ストーカーに射殺された事件を契機に，社会的な関心が広がり，今日では，ほぼすべての州でストーキングを取り締まる法律が制定されています。

日本でも，埼玉県桶川市の女子大生殺害事件など実際に発生したストーカー事件が注目を集め，ストーキング被害者の保護の重要性が認識されるようになったことから，ストーキングそのものを規制するための立法的措置の必要性が強く唱えられるようになりました。こうした動きを受けて，いわゆる議員立法として，ストーカー規制法が制定され，ストーキングの定義が明確化されるとともに，公安委員会による行政処分や罰則を盛り込んだ対策の強化が図られました。

また，2013（平成25）年には，①規制の対象に「執ようなeメールの送信」を含め，②被害者の住所地だけでなく，加害者の住所地等の警察にも警告や禁止命令を出す権限を付与し，③警告の被害者への告知や警告しない場合の理由の文書による通知を義務化した法改正が実施されました。

### 3 ストーカー規制法の概要
### (1) 規制法の目的と保護法益

ストーカー規制法の目的は，1条に明記されています。本条によれば，同法の目的は，「個人の身体，自由及び名誉に対する危害の発生を防止し，あわせて国民の生活の安全と平穏に資すること」です。

前述したように，ストーキングの特徴として，行為が次第にエスカレートし，生命，身体，自由などの重要な個人法益を侵害する危険性をはらんでいる点があげられます。ストーカー規制法は，こうしたストーキングの特徴を

ふまえ，個人法益に対する侵害の危険を未然に防いで，国民の不安感を払拭し，安全で平穏な生活を保障することを目指しているのです。したがって，後述する「ストーカー行為罪」の保護法益は個人の身体（生命を含む），自由，名誉および生活の平穏と把握することができます。

### (2) 規制対象行為の定義

ストーカー規制法が規制する行為は，「つきまとい等」と「ストーカー行為」です。このうち「つきまとい等」とは，「特定の者に対する恋愛感情その他の好意の感情又はそれが満たされなかったことに対する怨恨の感情を充足する目的で，当該特定の者又はその配偶者，直系若しくは同居の親族その他当該特定の者と社会生活において密接な関係を有する者」に対して，次の行為をすることを指します（2条1項）。

① つきまとい，待ち伏せし，進路に立ちふさがり，住居，勤務先，学校その他その通常所在する場所の付近において見張りをし，又は住居に押し掛けること。
② その行動を監視していると思わせるような事項を告げ，またはその知りうる状態に置くこと。
③ 面会，交際その他の義務のないことを行うことを強く要求すること。
④ 著しく粗野または乱暴な言動をすること。
⑤ 電話をかけて何も告げず，または拒まれたにもかかわらず，連続して，電話をかけもしくはファクシミリ装置を用いて送信し，もしくは電子メールを送信すること。
⑥ 汚物，動物の死体その他の著しく不快または嫌悪の情を催させるような物を送付し，またはその知り得る状態に置くこと。
⑦ その名誉を害する事項を告げ，またはその知り得る状態に置くこと。
⑧ その性的羞恥心を害する事項を告げもしくはその知り得る状態に置き，またはその性的羞恥心を害する文書，図画その他の物を送付しもしくはその知り得る状態に置くこと。

他方，「ストーカー行為」とは，「同一の者に対し，つきまとい等（①から④までの行為については，身体の安全，住居等の平穏もしくは名誉が害され，または行動の自由が著しく害される不安を覚えさせるような方法により行われる場合に限る。）を反

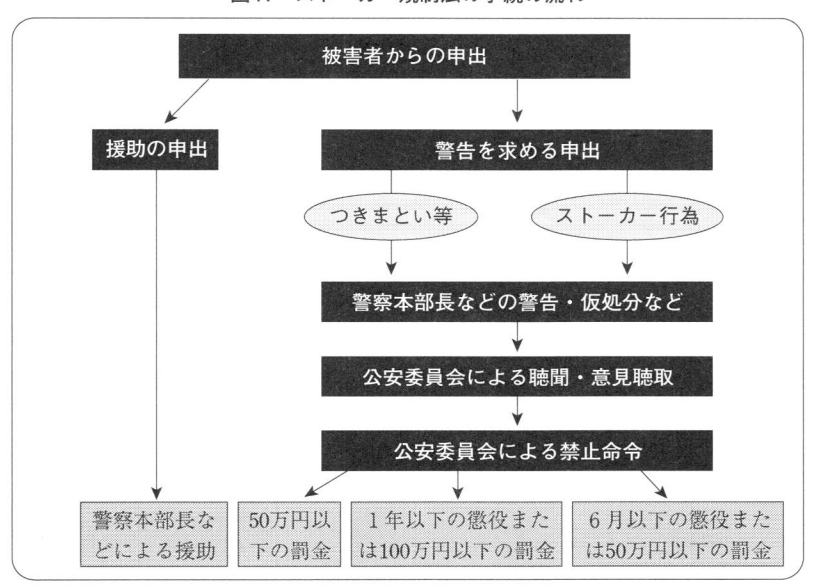

図41　ストーカー規制法の手続の流れ

```
                    ┌─────────────────────────┐
                    │    被害者からの申出      │
                    └────┬────────────────┬───┘
                         │                │
              ┌──────────▼──┐   ┌────────▼────────┐
              │  援助の申出  │   │  警告を求める申出 │
              └──────┬──────┘   └────┬────────┬───┘
                     │            ╱           ╲
                     │      (つきまとい等)  (ストーカー行為)
                     │            │            │
                     │    ┌───────▼────────────▼──────┐
                     │    │ 警察本部長などの警告・仮処分など │
                     │    └───────────┬──────────────┘
                     │                │
                     │    ┌───────────▼──────────────┐
                     │    │ 公安委員会による聴聞・意見聴取 │
                     │    └───────────┬──────────────┘
                     │                │
                     │    ┌───────────▼──────────────┐
                     │    │    公安委員会による禁止命令    │
                     │    └──┬──────┬──────┬─────────┘
                     ▼       ▼      ▼      ▼
                ┌────────┐┌──────┐┌──────────┐┌──────────┐
                │警察本部長││50万円以││1年以下の懲役││6月以下の懲役│
                │などによる││下の罰金││または100万││または50万│
                │ 援助   ││      ││円以下の罰金││円以下の罰金│
                └────────┘└──────┘└──────────┘└──────────┘
```

復してすること」を言います（2条2項）。

### (3) 規制の方法

ストーカー規制法は，3条において「つきまとい等」をして，相手方に身体の安全，住居等の平穏もしくは名誉が害され，または行動の自由が著しく害される不安を覚えさせることを禁じています。この禁止の違反には，警告や禁止命令などが出されます（図41参照）。

第1に，警視総監もしくは警察本部長または警察署長は，被害者からの申出を受けた場合において，「つきまとい等」を禁止した3条に違反する行為があり，かつ加害者がさらに反復して「つきまとい等」をするおそれがあると認めるときは，行政指導の一環として加害者に対して当該行為の禁止を警告することができます（4条）。

第2に，加害者が警告を無視して「つきまとい等」を続けた場合において，加害者に反復して当該行為をするおそれがあると認めるときは，都道府県公安委員会が，加害者に対して当該行為をさらに反復して行うことの禁止

と「つきまとい等」の防止に必要な事項を命ずることができます（4条1項・5条）。

第3に、警視総監もしくは警察本部長または警察署長は、被害者からの申出を受けた場合において、前述した「つきまとい等」のうち、①に掲げた行為（2条1項1号）があり、かつ緊急の必要性が認められるとき、加害者に対して当該行為をさらに反復して行うことを禁止する仮の命令をすることができます（6条1項）。この仮命令がなされた場合、都道府県公安委員会が、加害者からの意見を聴取したうえで、禁止命令などを行うか決します（同条5項・7項）。

第4に、「ストーカー行為」を行った者は、6月以下の懲役または50万円以下の罰金に処せられます（13条）。また、前述した禁止命令に違反して「ストーカー行為」をした者（14条1項）や禁止命令に違反して行った「つきまとい等」が、禁止命令前から通して評価すると「ストーカー行為」をしたといえる者（同条2項）も1年以下の懲役または100万円以下の罰金に処せられます。さらに禁止命令に違反したが、禁止命令前から通して評価しても「ストーカー行為」をしたといえないときは、50万円以下の罰金が科されます（15条）。

このように、ストーカー規制法では、ストーキングに対して、一次的には公安委員会や警察による行政規制が行われ、これに違反した行為が犯罪として刑罰を科されるという仕組みになっています。また、「ストーカー行為」の罪は、親告罪とされており、被害者からの告訴がなければ公訴を提起することができません。これらの点からは、個人の私的トラブルへの介入に、刑事法がなおも謙抑性を示していることが分かります。

## 4　ストーキング規制の課題

ストーカー規制法制定後、警察に対するストーカー事案の認知件数は、2001（平成13）年にこれまで最多の1万4,662件を記録した後、1万1,000件台から3,000件台で推移していましたが、2008（平成20）年には、再び1万4,567件に増加し、2012（平成24）年には19,920件に達しました（**図42参照**）。2004（平成16）年に200人であったストーカー行為罪での検挙人員も、減少の

図42　ストーカー事案の認知件数の推移

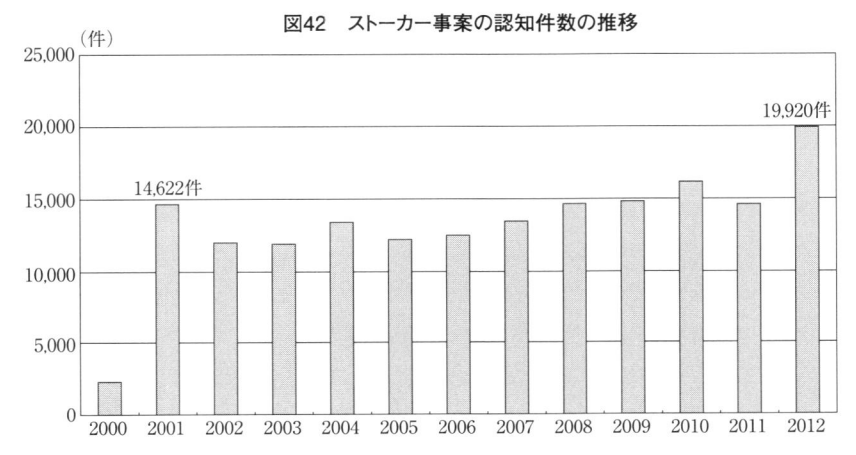

(件)

表12　ストーカー規制法の適用状況の推移

|  | 2004 | 2005 | 2006 | 2007 | 2008 | 2009 | 2010 | 2011 | 2012 |
|---|---|---|---|---|---|---|---|---|---|
| 警告 | 1,221 | 1,133 | 1,375 | 1,384 | 1,335 | 1,376 | 1,344 | 1,288 | 2,284 |
| 禁止命令等 | 24 | 22 | 19 | 17 | 26 | 33 | 41 | 55 | 69 |
| 仮の命令 | 0 | 1 | 0 | 0 | 0 | 0 | 0 | 0 | 0 |
| 援助 | 1,356 | 1,569 | 1,631 | 2,141 | 2,260 | 2,303 | 2,470 | 2,771 | 4,485 |
| 検挙（ストーカー行為罪） | 200 | 198 | 178 | 240 | 243 | 261 | 220 | 197 | 340 |
| 検挙（禁止命令違反） | 6 | 2 | 5 | 2 | 1 | 2 | 9 | 8 | 11 |

兆しは見られず，むしろ2012年には，340人と増加傾向が見られました（**表12参照**）。こうした数値をふまえれば，ストーキング規制における刑事法の役割は，今後ますます高まることが予測されます。

　しかし，ストーカー規制法は，愉快犯的なストーキングのように「好意感情やそれが満たされなかったことに対する怨恨の感情を充足する目的」が認められないストーキングを刑事規制の対象にしていません。このように現行のストーカー規制法に盛り込まれなかった行為の中にも，社会的には「ストーキング」とみなされ，被害者に深刻な被害をもたらしているものも存在します。こうした規制の対象から外れたストーキングの行為類型についても，何らかの対応が必要ではないでしょうか（瀬川〔2000〕398頁）。

## III ドメスティック・バイオレンス

### 1 DVの意義

ドメスティック・バイオレンス（DV）とは，夫や恋人である男性から加えられる女性に対する暴力を指します。DVは，「家庭」という閉ざされた世界で行われることから，外部に露見しにくく，また露見しても，第三者の介入を拒絶する傾向があります。このため，やはり，DVに対しても，刑事法上の規制は，深刻な被害が生じてから，一部の事件に対して行われるに過ぎませんでした。

しかし，近年では日本でもDVは被害者である女性を身体的・精神的に傷つけるだけでなく，女性の社会的な存在意義をも否定する深刻な問題であるという認識が高まってきました。こうした問題意識を背景に，2001（平成13）年4月にはDVの防止と被害者保護を目的とした「配偶者からの暴力の防止及び被害者の保護に関する法律（DV防止法）」が制定されました。単なる家庭内暴力としてかたづけては，問題の本質が失われてしまうDVの特殊性が刑事規制についても認められたのです。

### 2 DVの特殊性と被害の実態
#### (1) DVの特殊性

DVの特殊性を理解するうえで重要な手がかりとなるのが，アメリカ合衆国で提唱されている「バタード・ウーマン・シンドローム（battered woman syndrome）」です。DVの場合，児童虐待と異なり，被害者は成人であり，夫や恋人の暴力から逃れる術はいくらでもあるはずと考えられがちです。しかし現実には，被害者は，暴力を受ける中で自らの無力を認識し，その認識が強まっていく中で，主体的に行動する意思，問題を解決する能力を失ってしまうのだそうです。このため被害者は，DVの呪縛から逃れられないのです（ウォーカー〔1997〕51頁）。

また，こうした暴力は，①緊張増進期→②暴力実行期→③悔恨・平穏期の3つの時期をサイクルしながらエスカレートしていくことも，被害者が自ら

の手でDVから逃れられない要因となっているとも説かれます（ウォーカー〔1997〕60頁）。

### (2) DVの被害の実態

DVの被害として，重大な身体的な障害や生命が脅かされるケースも報告されていますが，それだけでなく，精神的な被害が大きいことも，しばしば指摘されます。身近な存在である家族が，いつ暴力を振るい始めるか分からないという状況下で，日々の生活を送る苦痛は想像に難くありません。また，「死ね」，「殺してやる」などの言葉の暴力によって，被害者が，大きな「心の傷」を負うことも少なくないそうです。さらに，DVの中には，夫による妻への性的行為の強要が含まれており，こうした行為による性的被害も，女性の尊厳を傷つけるものとして重く受け止めなければなりません。

1998（平成10）年には34万7,849件だったDVについての警察への相談件数は，2004（平成16）年には180万670件にものぼりました。その後も129万件から144万件という，決して少なくない相談件数が毎年寄せられている事実から，事態の深刻さがうかがえます。

## 3 DV防止法制定の経緯

このようにDVが深刻な問題であるにもかかわらず，最近まで問題視されてこなかった理由としては，①男性優位の社会構造のほか，②誤った加害者像（一部の特異な者の仕業）や③被害者への偏見（嫌ならいつでも逃げ出せるはず）が指摘されています（瀬川〔2002〕53頁）。

ところが，1990年代以降，DVを社会問題と捉え，その法的規制や保護の必要性を唱える声が高まってきました。こうしたDVをめぐる認識の変化の要因としては，国際的および国内的に，「男女共同参画社会」実現に向けた取組みの一環として，女性に対する暴力根絶が強力に推し進められていることがあげられます。こうした動きに後押しされ，2001（平成13）年4月DV防止法が制定されたのです。さらに，2004（平成16）年には同法に改正が施され，①「配偶者からの暴力」の定義に言葉や態度などによる精神的暴力が含められ，②保護命令の対象も元配偶者にまで広げられました。また，2007（平成19）年にも保護命令制度の一層の拡充を図る法改正が行われまし

た。さらに，2013（平成25）年には配偶者以外の交際相手からの暴力やその被害者に対象を広げる法改正が行われました。

> **夫婦間レイプ**　DVの性的暴力の1つとして，夫婦間レイプの問題があります。日本だけでなく，欧米諸国でも，かつては，夫婦間での強姦罪の成立を否定していました。その主たる理由は，婚姻によって，性交渉についての包括的な同意が認められるという点に求められていました。
>
> しかし，婚姻には，そのような効果が当然にともなうものなのでしょうか。婚姻は，強姦罪の保護法益である女性の性的自由を放棄することを意味するのでしょうか。こうした疑問が高まった欧米では，1970年代後半から，夫婦間のレイプを肯定する法改正や判例の変更が行われてきました。日本でも，広島高判松江支判昭和62年6月18日（高刑集40巻1号71頁）が，夫婦間での強姦罪の成立を認めました。ただし，この事案では，「実質上，夫婦関係は破綻していた」と認定されているため，そうでない場合について，どのような判断が下されるかは，今なお不明です。

## 4　DV防止法の概要

### (1)　目的

DV防止法の正式名称は，「配偶者からの暴力の防止及び被害者の保護に関する法律」です。したがって，本法は男性による女性への暴力だけでなく，女性による男性への暴力をも対象とすることが想定されています。このようにDVの実態とかけはなれた想定に基づいてDV防止法が制定された理由は，男性による女性への暴力だけを対象として防止策や保護策を定めた法律を作ることが，法の下の平等を定めた日本国憲法に違反するおそれがあったからといわれています。そこで，本法は，建前上，両性を平等に保護する規定となっている一方で，前文において，DVが犯罪行為であること，その被害者のほとんどは女性であること，DVの防止とその被害者の保護が国際的な課題であることなどの問題意識を明確化しました。

### (2)　定義

DV防止法における「DV」，すなわち「配偶者からの暴力」とは，配偶者からの身体的暴力のほか，精神的暴力および性的暴力を言います。ここで言う「配偶者」には，「事実婚を含む結婚中または離婚後の配偶者に加えて，同居中または同居していた交際相手」も含まれます。

したがって，同居したことのない恋人は，本法が対象とする暴力行為の客

体にはなりません。これは，配偶者からの暴力が，①外部からの発見が困難である，②継続して行われる，③エスカレートして重大な被害を生じさせることがあるといった，一般の暴力とは異なる特性があるため，保護の必要性が高いことによります。当初，ここに言う「暴力」は，身体的暴力として定義され，必要な規定について，精神的・性的暴力にも対象を拡大するという対応がなされていました。しかし，精神的暴力や性的暴力の重大性を明確にするため，2005（平成17）年の同法改正において，「配偶者からの暴力」には，精神的暴力や性的暴力も含むとしたうえで，保護命令など必要な規定について，身体的な暴力のみを対象にするように規定が改められました。

また，本法にいう「被害者」とは，「配偶者による暴力」を受けた者のほか，婚姻中や同居中に暴力を受け，婚姻や同居を解消後にも引き続き配偶者から生命または身体に危害を加えられるおそれのある者を言います。

(3) 被害者の保護

DV防止法は，DV防止とDV被害者の保護のため，都道府県単位で配偶者暴力相談支援センターを設けるように規定しています（3条1項）。

また，DV防止とその被害者の保護のため，DV防止法は，広く国民に対しても，DV被害者を発見した場合，配偶者暴力支援相談センターや警察官に通報することを求める努力義務規定を設けました（6条1項）。とくに医師や看護師などの医療関係者は，DVの被害者を発見する可能性が高いことから，通報を促す規定（6条2項）を別個に設け，秘密漏示罪や守秘義務に関する法律の規定が，通報を妨げるものではないことを明記しています（6条3項）。同様の理由から，医療関係者に対して，被害者に配偶者暴力支援相談センターなどに関する情報を提供する努力義務規定（6条4項）が設けられました。

さらに，DV防止法では，警察官に対しても，DVの発生を防止し，被害者の保護を図るため，必要な措置を講じるように努めることが求められたほか（8条），関係諸機関に，被害者保護のために連携を図りながら協力することを求めています（9条）。

(4) 保護命令

DV防止法制定の主たる目的の1つが，保護命令の導入でした。保護命令

とは，DVの被害者が，配偶者からさらに身体的暴力を加えられることによって，生命や身体に重大な危険を受けるおそれが大きいときに，これを防止するため，裁判所が，被害者の申立てにより，配偶者に被害者への接近を禁じ，住居からの退去を命じることです。接近の禁止とは，被害者の住居その他の場所において被害者およびその子どもの身辺につきまとい，または被害者およびその子どもの住居，勤務先その他の通常所在する場所の付近をはいかいすることを禁止するもので，その期間は命令の効力が生じた日から6ヶ月間です（10条1項1号・同条2項）。

また，住居からの退去とは，被害者とともに生活の本拠としている住居からの退去およびその周辺のはいかい禁止のことであり，その期間は，命令の効力が生じた日から起算して2ヶ月間です（10条1項2号）。なお，実家に緊急的に避難している場合や配偶者暴力支援センターなどに一時保護されている場合も，生活の本拠をともにしている場合に含まれます。

こうした命令の申立てを行うことのできる被害者は，配偶者または元配偶者からのさらなる身体的暴力によりその生命または身体に重大な危害を受けるおそれが大きい者です。前述したように，ここでの暴力は，身体的暴力に限定されることから，ここでいう「被害者」の定義も，第1条の定義と異なることになります。

### (5) 保護命令違反

配偶者や元配偶者が保護命令に違反した場合，1年以下の懲役または100万円以下の罰金に処せられます（29条）。

DV防止法制定以前も，被害者への接近を禁止する措置は，民事保全法の仮処分命令によって実施されていました。しかし，仮処分命令が下されるまでには時間を要するケースがみられ，命令に民事上の効力しかないため抑止力が十分でないなどの問題点がありました。そこで，生命や身体に対する危険を回避するために，刑罰によって担保された命令を簡易迅速に発することができる制度が新しく創設されたのです。

このように，DV防止法も，DV防止の一次的な役割は，裁判所からの保護命令に委ねられ，これに違反した行為にのみ，刑罰が科される仕組みが採用されています。

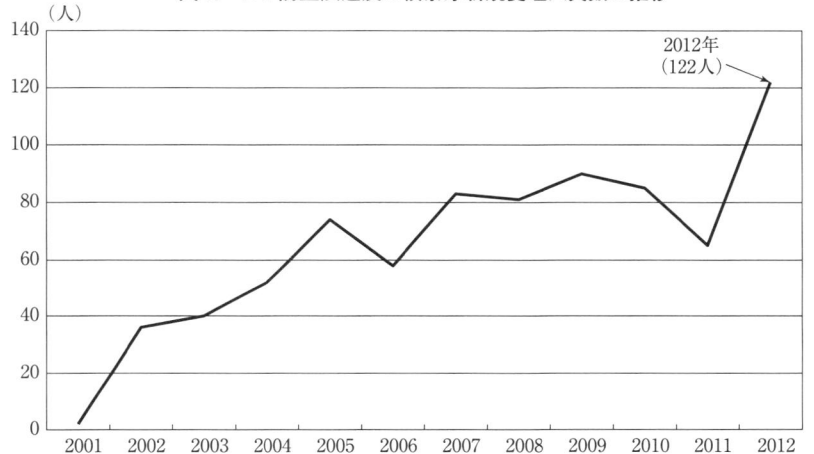

図43　DV防止法違反の検察庁新規受理人員数の推移

2012年（122人）

## 5　DV防止の課題

　DV防止法違反の検察庁新規受理人員は、2001（平成13）年は2人でしたが、2002（平成14）年は36人、2003（平成15）年は40人、2004（平成16）年は52人、2005（平成17）年は74人と増加しました。2006（平成18）年は58人と若干減少しました。2007（平成19）年からの4年は、毎年70人から90人でしたが、2012（平成24）年は122人に増加しました（**図43**参照）。2013（平成25）年の改正によって、保護命令の対象が拡大されたことから、その影響について、今後の動向が注目されます。

　しかし、前述したように、DVの問題性は、「閉ざされた世界で起こる許されざる暴力」であるにもかかわらず、被害者が、積極的に救いを求めてこないケースが少なくないという点なのです。かつてに比べれば、改善されたとはいえ、今日でも、顕在化しているDVは、氷山の一角に過ぎないと考えるべきでしょう。DV防止法は、あくまでも被害者の意思による保護命令の申立てを前提に、DVの防止や被害者の保護の枠組みを整えています。もちろん、一方では、こうした手続を経たとしても、私的問題への法的介入は差し控えられるべきとの主張もあります（戒能〔2000〕56頁）。しかし、それが、なおも実際のDVの実態に即していないのであれば、DVに対する刑法

の適用を躊躇する必要はあるのでしょうか。殺人や傷害は，親告罪ではありません。「刑法の謙抑性」を尊重しつつも，もう一歩踏み込んだ対応を検討すべきではないでしょうか（小島〔2002〕470頁）。

# IV 児童虐待

## 1 児童虐待の意義

児童虐待とは，保護者を始めとした成人が，児童に対して，身体的，精神的もしくは性的な暴行を加え，または必要な監護を怠り，放置することによって，児童の人権を侵害し，心身の成長および人格の形成に重大な影響を与えることを言います。児童虐待についても，暴行・傷害や保護責任者遺棄に該当するケースは少なくありませんが，やはり，「刑法の謙抑性」の原則の尊重など，いくつかの理由から，実際の適用は多くありませんでした。しかし，過去10年ほどの間に，状況は一変しました。児童虐待の重大性についての認識が広がるとともに，この対策のため，児童買春・児童ポルノ禁止法や児童虐待防止法が制定されたのです。

## 2 児童虐待対策強化の背景
### (1) 消極的な運用の要因

前にも述べたように，ストーキングやDVと同様に，児童虐待も，刑法典上の犯罪を構成することが少なくありません。しかし，現実には，刑事司法機関が児童虐待を刑法典上の犯罪として取り扱い，両親などの虐待行為者に刑事責任を問うケースはごく少数でした。このように刑事規制が消極的であった理由としては，「刑法の謙抑性」の原則が尊重されていたことも確かでしょう。ただ，児童虐待の場合は，これ以外にも，次のような要因が刑事規制を困難にしていたのです。

①児童虐待に対する社会の認識が十分に高まっていなかった。②被害者による告訴が期待できなかった。③児童相談所への通告（児童福祉法25条）が十分に機能していなかった。④刑事裁判において，児童の証言を確保すること

が容易でなかった。

さらに，何よりも重要な点は，加害者の刑事責任を問い，刑罰を科すことは，被害者である児童から，保護者である親を奪うことを意味するため，大きな視点に立った場合，必ずしも最善の問題解決方法と言えないということでしょう。

### (2) 児童虐待対策整備の背景

ところが1990年代以降，日本でも，パチンコや買い物に夢中になった親が車の中に乳児を放置し，熱射病で死亡させてしまった事件や育児ストレスから母親が乳児に暴行を加え死亡させた事件など児童をめぐる虐待事件が大きく報道されて社会の注目を集め，児童虐待の深刻さが次第に浸透していきました。

また，1994（平成6）年には，「子供の権利条約」の批准を契機に，日本でも，児童の権利を尊重し，児童を身体的，精神的，性的暴力から法的に保護する必要性が強く意識されるようになっていきました。とりわけ，国連子どもの権利委員会において「日本に対する総括所見」が採択され，児童虐待対策の積極的な取組みが求められるなど，いわば「外圧」を受けたことで，法的にも厳格な対応の必要性が意識されるようになったのです。

これらの事情を背景として，児童虐待への法的対応を整備する必要性が高まっていったのです。しかし，前述したように，刑法を含め，現行法による対応には，大きな期待をかけることができませんでした。そこで，新しく児童買春・児童ポルノ規制法と児童虐待防止法の立法化による対策が講じられたのです。

## 3 児童買春・児童ポルノ禁止法
### (1) 目 的

このうち1999（平成11）年5月に成立した「児童買春，児童ポルノに係る行為等の処罰及び児童の保護等に関する法律（児童買春・児童ポルノ禁止法）」では，児童の性的虐待への対応が講じられています。

同法1条は，この法律の目的が，「児童に対する性的搾取及び性的虐待が児童の権利を著しく侵害することの重大性にかんがみ，あわせて児童の権利

の擁護に関する国際的動向を踏まえ、児童買春、児童ポルノに係る行為等を処罰するとともに、これらの行為等により心身に有害な影響を受けた児童の保護のための措置等を定めることにより、児童の権利を擁護すること」にあると記しています。

### (2) 定　義

同法2条によれば、ここでいう「児童」とは、18歳に満たない者を指します。

「買春に係る行為」の処罰については、2条で「対償を供与し、又はその供与の約束をして、当該児童に対し、性交等をすること」を「買春」と定義し、4条で児童に対する買春行為を5年以下の懲役または300万円以下の罰金に処すことを定めるほか、5条では児童買春の周旋行為を、6条では同じく勧誘行為を5年以下の懲役または500万円以下の罰金に処すと定めました（業として周旋・勧誘をした者は7年以下の懲役および1,000万円以下の罰金刑）。

「児童ポルノに係る行為」の処罰について、具体的には、同法7条2項が、インターネットによる場合を含め、「児童ポルノ」を提供した者を3年以下の懲役または300万円以下の罰金に処する旨を規定しています。さらに、同条3項は、「児童ポルノ」の提供目的での製造、所持、運搬、輸出入などの行為をした者も同様に処罰するとし、4項は、児童に児童ポルノにあたる姿態をとらせ、写真やUSBなどの電磁的記録媒体などに描写することで当該児童に係る児童ポルノを製造した者も同じく処罰するとしています。さらに、2014（平成26）年の法改正により、児童ポルノの単純所持も同条1項により禁じられ、1年後からは罰則が適用されることになりました。

### (3) 児童ポルノ等規制法の意義

児童ポルノ等規制法が、こうした新しい犯罪類型を創設したことによって、これまでの強姦罪、強制わいせつ罪、わいせつ物頒布等罪では、規制の対象に含まれていなかった行為も対象に含まれることになりました。ここからは、児童への性的虐待に対して厳格に対応するというメッセージを読みとることができるでしょう。なお、同法違反の検察庁新規受理人員の推移は、同法の施行直後から増加した後、ここ数年は1,400人前後で推移しています。

### 4　児童虐待防止法

こうした間接的な形での児童虐待への対応にとどまらず、より直接的な対策として、2000（平成12）年5月には、児童虐待防止法が成立しました。そして、同法は、実効性を高めるために、2004（平成16）年4月に改正されました。「児童の人権を著しく侵害し、その心身の成長及び人格の形成に重大な影響を与えるとともに、我が国における将来の世代の育成にも懸念を及ぼす」「児童虐待の防止等に関する施策を促進」すること（1条）を目的にした現行児童虐待防止法の内容は、おおよそ以下のように整理することができます（中司〔2000〕54頁）。さらに、2008（平成20）年には児童相談所等の権限を強化するための法改正が行われました。

#### (1)　定　義

まず、児童虐待の定義の明確化およびその禁止です。同法では、児童虐待を①児童の身体に外傷が生じ、又は生じるおそれのある暴行を加えること、②児童にわいせつな行為をすること又は児童をしてわいせつな行為をさせること、③児童の心身の正常な発達を妨げるような著しい減食又は長時間の放置、保護者以外の同居人による①・②または④に掲げる行為と同様の行為の放置その他の保護者としての監護を著しく怠ること、④児童に著しい心理的外傷を与える言動を行うことの4類型に整理し（2条）、これらの虐待行為を禁止しています（3条）。

2004年の改正で、③のように、虐待行為の主体が、保護者以外の同居人に拡大されたほか、④の内容が、「児童に対する著しい暴言又は著しく拒絶的な対応、児童が同居する家庭における配偶者に対する暴力」が、具体的に例示されました。

#### (2)　防止策

次に、児童虐待防止策の整備です。この点について、第1に、児童虐待の防止に関する国および地方公共団体の責務が定められています。具体的には、①関係機関と民間団体との関係強化と児童虐待防止に必要な体制の整備、②関係諸機関の職員、学校の教職員、医師など児童の福祉と職務上関係のある者への児童虐待の早期発見、虐待防止への寄与、児童の保護と自立支援のための人材確保と資質向上などを目的とした研修などの実施、③児童虐

待に関する啓発活動があげられています（4条）。この点も，2004年の改正によって，拡充されました。

　第2に，児童虐待の早期発見を促進するための取組みが定められています。同法は，比較的児童虐待を発見する可能性が高い児童福祉に職務上関連のある団体および個人に対して，児童虐待の早期発見に努めるよう求めています（5条）。従来，こうした義務は，個人に対してのみ課されていましたが，2004年の改正を機に，団体にまで拡充されました。

　また，児童虐待を発見した者に対して，児童相談所や福祉事務所への通告が義務づけられています。こうした通告は，刑法典上の犯罪である秘密漏示罪などによって妨げられないことも明記されています（6条）。

### (3)　児童の保護

　さらに，虐待を受けた児童の保護についても記されています。福祉事務所および児童相談所は，児童の福祉に業務上関係のある団体および個人による通告などによって虐待の事実を把握した場合，すみやかにその児童の安全の確保に努め，必要に応じて一時保護を行います（8条）。その際，職務の執行上，必要と認めるときは，警察の援助を求めることができます（10条）。

　また，都道府県知事は，児童虐待が行われているおそれがあるときには，児童委員等による立入調査を実施することができます。さらに，虐待を行った保護者に対して，児童福祉司による指導措置が講じられたときには，保護者にはその指導に従う義務があります（11条）。他方，保護者の意思に反して，児童を施設に入所させる場合，児童相談所長や施設の長の判断によって，保護者は児童との面会や通信を制限されることがあります（12条）。さらに，国および地方公共団体は，虐待を受けた児童に対して，その年齢や能力に応じた十分な教育を受けさせるための施策や居住場所の確保，進学または就職の支援など，児童の自立を支援するための施策を講じなければなりません（13条の2）。

### (4)　親権者への注意

　加えて，親権を行使する上での注意が定められています。しつけなどを虐待の口実とすることを認めないため，親権者の行う行為であることを理由に，暴行罪，傷害罪そのほかの犯罪についてその責めを逃れることはないこ

### (5) 児童虐待防止法の意義

このように，本法は，児童虐待を禁止するものの，これを固有の犯罪として処罰する規定は設けられていません。しかし，上述したように，医師や弁護士による通告を秘密漏示罪の外におくことを明らかにする一方で，親権者の「しつけ（懲戒行為）」として暴行・傷害を行った場合にも，違法性は阻却されないことが明らかにされていることから，刑事法規制に与える影響も軽視できません。

## 5 児童虐待の刑事規制の課題

児童虐待対策の難しい点は，加害者が，親など子どもを保護すべき立場の存在であるため，児童を保護して親との接触を遮断したり，親に刑事責任を問い自由刑を科すなどの厳しい対応を講じることが，かえって児童への大きな不利益につながる可能性があるところです。こうした点をふまえれば，新しく制定された児童虐待防止法が，行政介入の積極化を主たる目的とした点もうなずけます。

表13 児童虐待に係る事件の加害者と被害者の関係（2012年）

| 加害者 | 総数 | 殺人 | 傷害 | 暴行 | 強姦 | 強制わいせつ | 保護責任者遺棄 | 重過失致死傷 | その他 |
|---|---|---|---|---|---|---|---|---|---|
| 総数 | 486 | 31 | 235 | 76 | 33 | 33 | 14 | 1 | 63 |
| 父親等 | 378 | 5 | 181 | 69 | 33 | 33 | 5 | 0 | 52 |
| 実父 | 186 | 4 | 91 | 44 | 10 | 10 | 4 | 0 | 23 |
| 養父・継父 | 100 | 1 | 34 | 15 | 14 | 14 | 1 | 0 | 19 |
| 母親の内縁の夫 | 77 | 0 | 48 | 8 | 7 | 7 | 0 | 0 | 9 |
| その他 | 15 | 0 | 8 | 2 | 2 | 2 | 0 | 0 | 1 |
| 母親等 | 108 | 26 | 54 | 7 | 0 | 0 | 9 | 1 | 11 |
| 実母 | 102 | 26 | 48 | 7 | 0 | 0 | 9 | 1 | 11 |
| 養母・継母 | 4 | 0 | 4 | 0 | 0 | 0 | 0 | 0 | 0 |
| その他 | 2 | 0 | 2 | 0 | 0 | 0 | 0 | 0 | 0 |

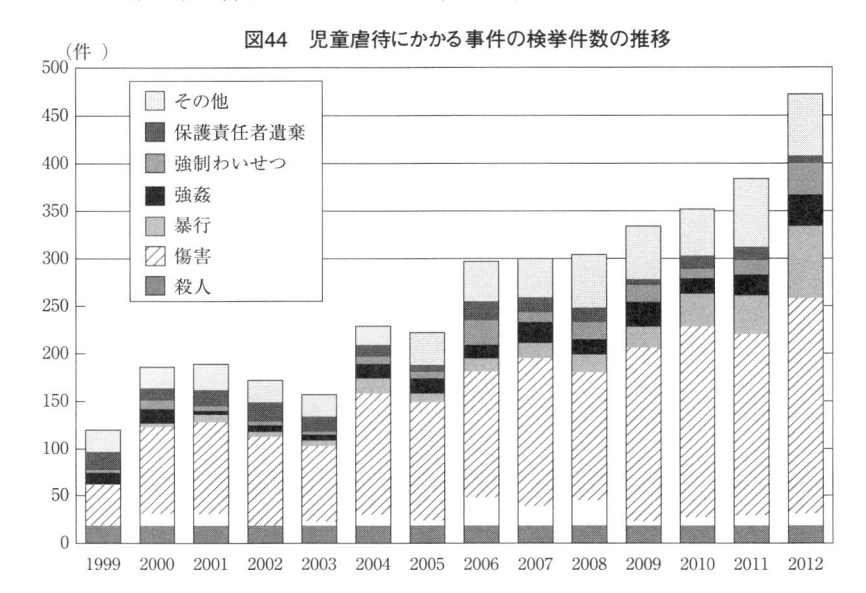

**図44 児童虐待にかかる事件の検挙件数の推移**

凡例：その他／保護責任者遺棄／強制わいせつ／強姦／暴行／傷害／殺人

 ただし，そうしたソフトな対応が，必ずしも問題の解決につながらないことも考えられます。虐待事件における加害者と被害者の関係を見てみると，傷害や暴行では，父親の割合が多いのに対して，殺人や保護責任者遺棄では，母親の割合が多く，家庭内で子どもを守る絶対的な存在がいないという実態が浮かび上がってきます（**表13**参照）。

 警察の児童虐待に関する相談受理件数は，ここ数年，年間1,000件を優に超えています。また，2008（平成20）年以降，児童虐待に関連する刑法犯の検挙件数は，20件以上の殺人を含めて，300件以上にのぼっています。2012（平成24）年には，この検挙人員数はさらに増加し，殺人罪で31件，総数で472件を記録しました（**図44**参照）。こうした事案のすべてについて，刑法は介入すべきではなかったと主張する人はいないでしょう。児童虐待の事例においても，刑事法による対応が必要なケースは少なからず存在しているのです。児童虐待に対する社会の認識が高まりつつあることを考えると，刑事規制は，児童虐待の問題にこれまで以上に積極的な姿勢で臨むことが期待されているといえるでしょう。

# V　私的空間で起こる「犯罪」対策の課題

## 1　刑事法のネット・ワイドニング
### (1)　その他の私的空間で起こる「犯罪」

　これまでに見てきたものの他にも，私的空間で起こる「犯罪」には，深刻な実態が明らかになっているものがあります。たとえば，「いじめ」や「校内暴力」は，学校という私的空間で行われるために，本来であれば，暴行，傷害，脅迫などに当たる行為が行われているにもかかわらず，刑事法上の取締りが十分には及んでいません。

　また，最近では，家庭内や福祉施設での高齢者虐待も問題視されています。介護を必要とする高齢者に対して，身体的な暴力のほか，言葉の暴力を加えたり，介護を放棄することによって，精神的な苦痛を与えるというケースは，被害を訴えたくても，訴えられないという点で，児童虐待とよく似た構図と理解することができるでしょう。

　さらに，職場での「セクハラ」は，脅迫罪，強要罪，強制わいせつ罪に該当するケースが放置されているだけでなく，そうした犯罪に該当しないものが，刑罰の対象とされていない点で，女性の精神的な苦痛を強めることにつながっているといった指摘も見られます。

### (2)　私的空間への介入

　このように見逃すことができない深刻な被害をもたらす私的空間で起こる行為への対策として，刑事法を含めた対策を検討する意義は小さくありません。もちろん，ストーカー，DV，児童虐待と同様，刑事規制の網をかければ問題が解決するわけではありません。しかし，こうした私的空間で起こる「犯罪」に刑法が介入すべき場面が認められる以上，そうした場面への法整備を進める必要が認められるのではないでしょうか。

## 2　私的手法での解決

　ただし，刑事法の介入の余地を認めることは，私的手法での解決を否定するものではありません。私的空間での「犯罪」の中には，早期の介入によっ

て，私人間での解決が可能なものも少なくないのも事実なのです。たとえば，家族関係，近隣での人間関係を見直し，コミュニティーの結束力を強化することが，こうした私的空間で起こる「犯罪」の防止にとって効果的な一面をもつことは確かです。その意味で，この問題は，「犯罪対策は，刑事法だけではできない」という事実の好例とも言えるでしょう。

## 第14講
# 新しいタイプの犯罪（その２）
──サイバー犯罪──

## Ⅰ　サイバー犯罪の意義

　1990年代，日本を含む世界規模で，インターネットに代表されるコンピュータ・ネットワークが急速に発達・普及しました。こうしたコンピュータ・ネットワークの発達・普及によって，地理的・時間的な制約を超え大量の情報を瞬時に伝達することが可能になったおかげで，行政，報道，商取引，学術・教育など，社会のさまざまな領域で活動の効率化が図られています。私たちは，こうしたコンピュータ・ネットワークの恩恵を直接的・間接的に享受し，快適な生活環境を築きつつあります。もはやコンピュータ・ネットワークは，われわれの日常生活にとって欠くことのできない存在になっているといっても過言ではありません。

　しかし，他方で，最近ではコンピュータ・ネットワークの発達・普及がもたらした負の側面も顕在化しつつあります。サイバー犯罪（cyber crime）の深刻化です。コンピュータ・ネットワークの発達・普及にともない，これを利用して行われる犯罪が，質・量の両面で急速な増加を見せています。

　サイバー犯罪の特徴としては，①高い匿名性，②被害の広範性・重大性，③犯罪の不可視性，④ボーダレス性，⑤犯罪者の意識の希薄性などがしばしば指摘されます。このように伝統的な犯罪とは異なる特徴を有するため，1990年代以降，日本では，サイバー犯罪への適切な対策を早急に講じる必要が生じたのです。

## II　サイバー・ポルノ

### 1　サイバー・ポルノの実態
#### (1)　サイバー・ポルノの意義

　サイバー犯罪の中で，認知件数が比較的多く，多面的な問題を含んでいるものに，「サイバー・ポルノ（cyber porn）」があります。サイバー・ポルノとは，デジタル・データ化されたポルノ画像を指し，ネットワーク上で大量に流布し，社会問題化しています。

　サイバー・ポルノの流布には2通りの方法があります。①サーバー・コンピュータにポルノ画像データを蔵置（アップロード）し，このコンピュータにアクセスした者にデータを提供する。②ホームページにポルノ画像データを提供するサイトへのリンクを張り，アクセスしてきた者をそのサイトに誘導する。これら2通りの方法では，最終的にコンピュータ・ネットワークを通じてポルノ画像データの提供を受けた者は，コンピュータにインストールされたソフトによって，そのデータを画像化し，ディスプレイ上に映し出します。

#### (2)　サイバー・ポルノの問題点

　サイバー・ポルノに対する刑事規制の問題としては，次の3点をあげることができます。第1に，わいせつ物としての規制の問題です。データとして提供されているポルノ画像の中には，その画像が店舗などで販売された場合，刑法175条のわいせつ物頒布等罪に該当する内容のものが数多く含まれています。このため，そうしたわいせつな画像データの規制が現行刑法で可能かが問題になります。

　第2に，チャイルド・ポルノ規制の問題です。チャイルド・ポルノとは，児童を被写体としたポルノ画像などを指し，インターネットの発展にともない，そうした画像がネット上で氾らんし，その問題性が急速に顕在化してきたといわれます。こうしたネット上のチャイルド・ポルノについては，児童の人権保護の観点から，各国で積極的な取締りが展開されています。これに対して，日本は具体的な対策を講じてこなかったため，ネットワーク上のチ

ャイルド・ポルノの中心的な発信源となっているとの国際的批判を浴び、迅速な対応が求められてきました。

　第3に、青少年保護の問題です。サイバー・ポルノへの懸念として、インターネットを介して、少年が、ポルノ画像データをインストールしたサーバー・コンピュータに、容易にアクセスできる点がしばしば指摘されます。「善良な風俗の維持」や「青少年の健全育成」を目的に、風俗営業等の規制及び業務の適正化等に関する法律（風営法）は、一定の店舗への少年の立ち入りを制限しています。他方、多くの地方自治体が、青少年保護育成条例によって有害図書の販売等に制限を設けています。しかし、ネットワーク上では、こうした風営法や条例の目的に配慮することなく、有害な画像のデータが無限定に少年にも提供される危険があるのです。現行の青少年保護法制の内容や方法に賛否両論があるとしても、こうしたサイバー・ポルノへの少年のアクセスを完全に放置することは妥当ではありません。何らかの手だてを講じる必要があるでしょう。

## 2　サイバー・ポルノへの対策
### (1)　わいせつ物の規制

　そこで、2011（平成23）年には、サイバー・ポルノへの対応の明確化を図るため、刑法175条が改正されました。改正前の175条の客体は、「わいせつな文書、図画、その他の物」と規定されていました。これは、客体を、形のあるもの（有体物）に限定する趣旨です。しかし、わいせつ画像データは、形のないもの（無体物）です。そこで、かつての判例は、わいせつ画像データをダウンロードしたコンピュータのハードディスクをわいせつ物と解していました（最判平成13年7月16日刑集55巻5号317頁）。しかし、この判例の立場には、「ハードディスクそのものの外見は、わいせつ性が認められないので、これをわいせつ物と解するのは不合理だ」との批判が向けられていました。また、175条の犯罪が成立するには、規定上、わいせつ物を「頒布、販売または公然陳列」することが要件になります。このうち、「頒布」や「販売」とは、わいせつ物の有償・無償での現実の交付を意味しますが、サイバー・ポルノの事案では、ハードディスクを実際に交付するわけではありません。

そこで、判例は、サイバー・ポルノの事案は、わいせつ物の「公然陳列」にあたると解していました。「公然陳列」とは、不特定または多数人が認識できる状態におくこと意味します。しかし、こうした解釈は、ネットワークを通じて、わいせつ画像データをコンピュータにダウンロードし、ディスプレイ上に映し出すというサイバー・ポルノの実際の仕組みとかけ離れているのも事実でした。こうした事実をふまえて、2011年の刑法改正では、175条の客体に、「電磁的記録に係る記録媒体」（DVDなどのデータの保存媒体）を追加するとともに、「電気通信の送信によりわいせつな電磁的記録その他の記録を頒布した者」も、175条の罪が成立することを明確に規定しました。

(2) チャイルド・ポルノの規制

前述したように、チャイルド・ポルノについては、内容が刑法175条の「わいせつ」にあたるかどうかにかかわらず、子供の人権保護の観点から国際的に厳格な対応が求められてきました。そこで、1999（平成11）年5月に「児童買春、児童ポルノに係る行為等の処罰及び児童の保護等に関する法律」が制定され、児童ポルノにかかる行為の処罰が図られたのです。

同法2条3項では、刑法175条の「わいせつ」の範囲よりも広い内容の写真、ビデオテープ、その他の物を「児童ポルノ」に含め、その頒布、販売、業としての貸与、公然陳列を処罰するとともに、7条では、頒布等目的での製造、所持、運搬、輸出入などの行為も同様に処罰することが定められました。したがって、今後、児童ポルノの写真を読み込んだ画像データをサーバー・コンピュータに蔵置する行為は犯罪となり、同法の下で処罰される可能性があります。

ただし、同法は、規制の対象にコンピュータ・グラフィックによって作成された疑似写真を含むのか明確にしていないなど、解釈論上の議論の余地を残しています。

(3) 青少年の保護

「青少年の健全育成」の観点からも、サイバー・ポルノの規制が問題となります。前述したように、サイバー・ポルノには、その画像が、刑法175条の「わいせつ」にはあたらないが、「青少年の健全育成」の観点からは、有害と思われるものが少なくありません。こうした画像を提供する営業が店舗

を設けて行われた場合は，風営法上の「アダルトショップ」や「個室ビデオ」として，18歳未満の者の立入禁止など規制の対象となるのに対して，店舗がないことを根拠に，同種の営業を無規制に放置することは妥当でないとの判断から，1998（平成10）年4月，風営法の一部が改正され，無店舗型性風俗特殊営業などに関する規制の新設の一環として，「映像送信型風俗特殊営業」を規制する規定が設けられました（31条の7）。

改正後の風営法では，インターネット上においてポルノ画像データを有料で提供する行為を「映像送信型風俗特殊営業」と捉え，この営業について届出制を採用するとともに，こうした営業を営む者に18歳未満の者を客とすることを禁じています。また，客が18歳以上である旨の証明または18歳未満の者が通常利用できない方法により料金を支払う旨の同意を客から受けるまで，映像の提供を禁じています。ただし，現段階の技術水準では，ネットワーク上で相手方の年齢を確実に把握することは難しいため，この規制がどの程度の実効性を確保できるかは，今後の展開を見守らなければなりません。また，ポルノ画像データを無料で提供している場合の規制は，風営法では不可能なことから，青少年の保護を目的として，刑法上サイバー・ポルノを包括的に規制する必要が本当にあるのか，包括的な規制が表現の自由の不合理な制限につながらないかといった点について今後も議論していく必要があるでしょう。

**チャイルド・ポルノ規制の立法につき報じる記事**

日本経済新聞1999年5月18日（夕刊）

## 3 サイバー・ポルノ対策の課題
### (1) サイバー・ポルノの現状

このようにサイバー・ポルノの刑事規制は，複数の観点から取り組まれています。しかし，2000（平成12）年以降のサイバー・ポルノの検挙件数の推移をみてみると，わいせつ物頒布等罪と児童ポルノについては，2005（平成17）年までは，ほぼ横ばいだったのに対して，2006（平成18）年以降は増加傾向が見られます。また，青少年保護育成条例違反については，2000年以降，一貫して増加傾向がみられます。2012（平成24）年は，わいせつ物頒布等罪が929件，児童ポルノ禁止法違反が1,085件，青少年保護育成法違反が520件でした（図45参照）。

### (2) サイバー・ポルノ対策の課題

最近のインターネットの普及は，無体物を規制の対象に含めていない現行刑法のわいせつ規制のあり方を問い直す絶好の契機となりました。サイバー・ポルノという「情報」が，「善良な性風俗」という社会法益の侵害につながることは明らかです。こうした実態を真正面から受け止めて，2011（平成23）年には，「わいせつな電磁的記録その他の記録を頒布した者」も刑法175条の対象に含められることになりました。しかし，そうした記録をアップしたホームページが海外のサーバーにつくられた場合も規制されるのか，ホームページにリンクを貼る行為はどうなのか，なお未解決の問題が残されており，一層の検討が必要といえるでしょう。


# III　デジタル・バンダリズム

## 1　デジタル・バンダリズムの実態
### (1) デジタル・バンダリズムの意義

今日，サイバー・ポルノと並んで，サイバー犯罪の中心をなすのが，デジタル・バンダリズム（digital vandalism）です。デジタル・バンダリズムとは，コンピュータ・ネットワークを通じて，許可なく他人のコンピュータに侵入し，そのコンピュータのプログラムやデータを改ざん・消去したり，覗

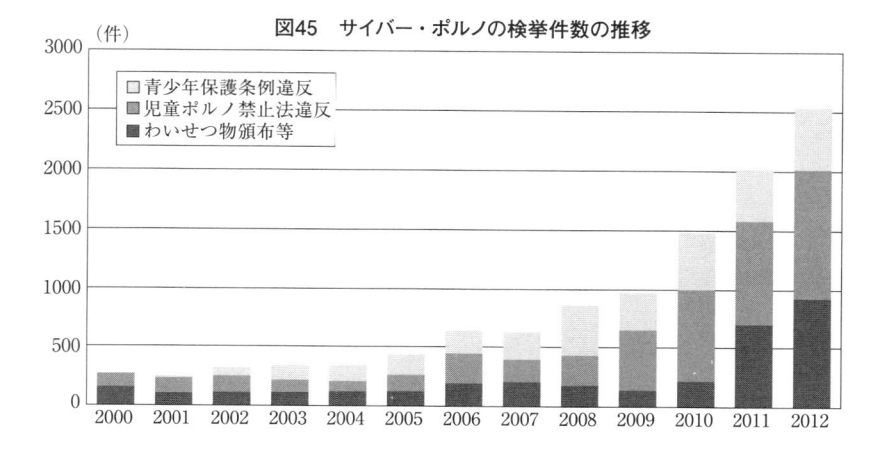

図45 サイバー・ポルノの検挙件数の推移

凡例:
- 青少年保護条例違反
- 児童ポルノ禁止法違反
- わいせつ物頒布等

き見たり，ダウンロードして窃取する行為などを指します。

　サイバー・ポルノが，コンピュータ・ネットワークを利用した犯罪であるのに対して，デジタル・バンダリズムは，コンピュータ・システムそのものに対する犯罪と理解することができるでしょう。コンピュータ・システムやコンピュータ・ネットワークの普及によって出現した新しいタイプの犯罪なのです。

(2)　ハッキング

　デジタル・バンダリズムを行う者の中にはハッカーと呼ばれる一団が存在します。ハッカーとは，従来コンピュータ・システムに関する豊富な知識や技術をもった専門家を指していました。しかし，今日では，主として自らの高い専門的な知識を用いて，他人のコンピュータに権限なくアクセスし，コンピュータに記録された情報を無断でのぞき見たり，コンピュータ・プログラムやデータを改ざん・消去する者を指すようになりました。本来的な意味での「ハッカー」と区別するため，こうした犯罪者を「クラッカー」と呼ぶこともあります。

　ハッキングの実態を把握することは困難です。というのも，ハッキングの主たる被害者である企業にとって，ハッキングの被害をこうむったという事実は，情報保護の安全性に対する株主や取引先の懸念を招きかねないため，

公表されない比率も高いからです。したがって，公的機関の調査でもどれだけ実態が反映されているか疑問が残りますが，その被害は，国際的な規模で拡大し続けています。

　ハッキングの被害は，コンピュータ・システムを用いたあらゆる領域にまで及びます。たとえば1983（昭和58）年に発生したアメリカ合衆国ミルウォーキー州の少年らによるハッカー・グループ「414ギャング」のケースでは，60社にも及ぶ企業や行政機関のコンピュータが無権限アクセスされました。その中にはロス・アラモスの核兵器研究所やニューヨークのスローン・ケッタリングがんセンターのコンピュータも含まれていたため社会的に大きな関心を集めました。また，1995（平成17）年に起訴されたK・ミトニックのケースでは，約7年の間に多数の企業のコンピュータがハッキングを受け，データ・ファイルやコンピュータ・ソフトが窃取された結果，約8,000万ドルもの被害が発生したといわれています。2008（平成20）年には，ハッキングとしては過去最大規模にあたるアメリカ大手小売9社のネットワークに不正侵入して4,000万人分以上のクレジットカード番号などを入手したハッカーら11人が起訴されました。

　(3)　コンピュータ・ウィルス

　コンピュータ・ウィルスとは，コンピュータ・プログラムやデータを改ざん・消去するなどの機能をもった有害なプログラムをいいます。コンピュータ・ネットワークを媒介にして，あるいはフロッピーを媒体にするなどして増殖・伝染することから「ウィルス」と名付けられました。

　コンピュータ・ウィルスによる被害は大小さまざまです。たとえば，比較的軽微なものとしては，最初，アメリカ合衆国のアイビー・リーグに属する大学のコンピュータを中心に広がった「クッキー・モンスター」と呼ばれるウィルスがありました。このウィルスは，感染されたプログラムを起動すると，「クッキーをくれ（Give me a Cookie）」というメッセージがディスプレーに表示され，コンピュータでの作業が妨害されますが，キーボードで「クッキー（c, o, o, k, i, e）」と打つと，「ありがとう（Oh Thank you）」と表示され，プログラムは正常に戻り，そのほかのプログラムやデータに支障はほとんど来しませんでした。

他方，被害の大きなものとしては，「ミケランジェロ」と呼ばれるウィルスがあげられます。1992（平成4）年初頭，アメリカ合衆国では，このコンピュータ・ウィルスが，あるメーカーの市販のコンピュータ・ソフトに侵入していたため（侵入の原因や頒布者は不明），このソフトを使用したコンピュータがウィルスに感染しました。ミケランジェロ・ウィルスは，ルネサンス期のイタリアの画家ミケランジェロの誕生日とされる3月6日に感染していたコンピュータのデータを改ざん・消去するようにプログラミングされていました。ウィルスへの感染は，アメリカ合衆国だけでなく，ヨーロッパを始めとした世界各国で発見されていたため，ミケランジェロへの対策は国際的な問題となりました。しかし，同年の3月6日には，わが国を含めて，多数の企業のコンピュータが使用不可能になるなどの被害が発生しました。

こうしたコンピュータ・ウィルスによる被害は，コンピュータ・ネットワークの発展とともに拡大してきました。とりわけ，電子メールの普及は，伝染性の強いウィルスを生み出す結果となっています。1993（平成5）年にコンピュータ安全協会によって実施された調査結果では，全米の企業のコンピュータ・ウィルスによる被害総額は年間20億ドルに達しました。1990年代後半以降，日本でも同様に被害が増加しています。2008（平成20）年には，ニュージーランドで，18歳の少年が開発したコンピュータ・ウイルスが，日本を含む全世界130万台以上のコンピュータに感染し，2000万ドル（約20億円）の損害を与えたとして，少年に有罪判決が言い渡されました。

日本でも，2012（平成24）年に，インターネット上の電子掲示板を通じて，アクセスした他人のパソコンを「トロイの木馬」と呼ばれるウィルスに感染させ，遠隔操作ができるようにして，そのパソコンからネット掲示板に航空機の爆破予告や大量殺人の予告を行う事件が起こり，遠隔操作されたパソコンの持ち主が誤って逮捕されたり，処分される事件が起こり，社会的に大きな注目を集めました。

このようにデジタル・バンダリズムはコンピュータ・ネットワークに見過ごすことのできない大きな被害をもたらします。こうした行為を放置しては，コンピュータ・ネットワークに対する社会の信頼が失われかねません。このため，デジタル・バンダリズムに対しても，刑法上の対策を講じること

が求められたのです。

## 2 日本のデジタル・バンダリズム対策
### (1) 刑　法

　日本では，コンピュータ・システムの普及にともない顕在化したコンピュータ犯罪に対処するため，1987（昭和62）年に刑法の一部改正が行われました。改正の具体的な内容は，以下の6点でした。①「電磁的記録」の定義（7条の2）。②公正証書原本等不実記載罪（157条1項）と不実記載公正証書原本行使罪（158条1項）の客体への電磁的記録の追加。③電磁的記録不正作出罪（161条の2第1項・2項）と不正作出電磁的記録供用罪（同3項）の創設。④電子計算機損壊等業務妨害罪（234条の2）の創設。⑤電子計算機使用詐欺罪（246条の2）と同未遂（250条）の創設。⑥公用文書毀棄罪（258条）と私用文書毀棄罪（259条）の客体への電磁的記録の追加。

　この改正の主眼は，1980年代初頭から頻発し始めた変造CDカードで銀行のオンライン端末のATM機から現金を不正に引き出す行為や，企業や公共機関の使用するコンピュータ・プログラムやデータを消去するなどして業務を妨害する行為を処罰することにありました。しかし，デジタル・バンダリズムについても部分的に処罰範囲に含まれています。

　たとえば，銀行のオンライン・コンピュータにハッキングし，不正の情報を与えて自らの銀行口座に振込み送金させる場合には246条の2が適用されますし（名古屋地判平成9年1月10日判時1627号158頁），ハッキングやウィルスの頒布によってコンピュータ・データを消去し，コンピュータ所有者の業務を妨害した場合には234条の2が適用されます（大阪地判平成9年10月3日判タ980号285頁）。

　さらに，2011（平成23）年には，デジタル・バンダリズムに対する刑事規制の強化を図るため，刑法の改正を行われ，①コンピュータ・ウィルスの作成・提供罪（168条の2第1項），②コンピュータ・ウィルスの供用罪およびその未遂罪（同条2項），③コンピュータ・ウィルスの取得・保管罪（168条の3），④電子計算機損壊等業務妨害未遂罪（234条の2第2項）が新設されました。

## (2) 不正アクセス禁止法

ただし，1987（昭和62）年の刑法の一部改正では，ネットワークに接続されたコンピュータに権限なくアクセスしてコンピュータ・システムを使用する行為やコンピュータに保存された情報などをのぞき見る行為は規制の対象に含まれていませんでした。ところが，インターネットの普及によりネットワークに接続されたコンピュータの保有する情報が，質・量の両面で重要性を増すにつれ，日本でもコンピュータ・ネットワークへの信頼を維持するために，不正なアクセスそのものを刑事規制の対象にする必要性が指摘されるようになりました。また欧米では，すでに何らかの形で不正アクセスそのものを処罰する規定が設けられていたことから，不正アクセス対策に関する国際連携のためにも，その必要性が強く主張されました。

こうした事情を背景にして，わが国でも，1999（平成11）年8月に「不正アクセス行為の禁止等に関する法律」が制定されたのです。同法3条は，アクセス・コントロールが講じられているネットワーク上のコンピュータに，次のいずれかの方法でアクセスした者を処罰する旨を規定しました。①他人のIDやパスワードなどの利用者識別符号を入力する（なりすまし）。②アクセス・コントロールを回避する情報や指令を入力する（セキュリティー・ホールの攻撃）。また，不正アクセスを助長する行為を規制するため，他人のIDやパスワードを提供する行為も処罰されることになりました。

また，同法は，2013（平成25）年に改正され，①フィッシング行為（他人のID・パスワードを悪用してコンピュータにログインする行為）の禁止・処罰，②他人のID・パスワードを提供する行為の禁止・処罰範囲の拡大，③不正アクセス行為に対する法定刑の引上げが行われました。

こうした不正アクセス禁止法の制定に対しては，発展途上のインターネットに対して「いたずらに法規制を急ぐことは，かえってネットワークの健全な発展の障害になるようにも考えられ」るとして，批判的な見解もみられました（加藤敏幸〔1999〕230頁）。しかし，サイバー犯罪対策が国際的な課題となっている今日，わが国だけが，この問題に消極的な姿勢を堅持するわけにはいきません。ネットワークへの信頼の保護の観点からは，処罰すべき不正アクセスの類型を限定したうえで，規制に踏み切る必要性が認められるでし

## 3 デジタル・バンダリズム対策の課題
### (1) デジタル・バンダリズム対策の現状

　サイバー・ポルノに比べるとデジタル・バンダリズムの検挙件数は，最近まで，少数にとどまっていました。たとえば，刑法典に定められたコンピュータまたは電磁的記録を対象とした犯罪は，2000（平成12）年以降，50件前後で推移していましたし，不正アクセス禁止法違反も，増加傾向が見られるものの，2003（平成15）年は，まだ145件にとどまっていました。ところが，2005（平成17）年から，急激に増加し始め，刑法上のコンピュータまたは電磁的記録を対象とした犯罪は，同年に73件，翌2006（平成18）年に129件，2007（平成19）年に113件，2008年には247件を記録しました。他方，不正アクセス禁止法違反も，2009年に2,534件，2010年に1,601件，2011年に248件，2012年に543件を記録しました（**図46**参照）。

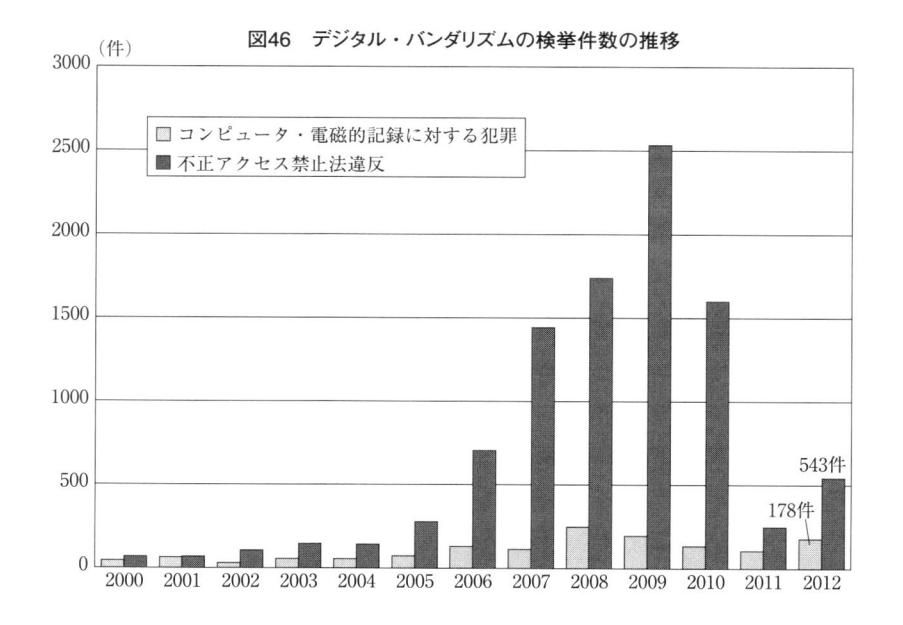

**図46　デジタル・バンダリズムの検挙件数の推移**

しかし，1つのデジタル・バンダリズムがもたらす被害の深刻さは甚大で，数量的な面だけでは，その実態を把握できたことにはなりません。コンピュータ・ネットワークは，大量の情報を距離的な制限に妨げられることなく瞬時にかつ正確に実現できるところに最大の特徴があります。しかし，そうした特徴を私たちが信頼できなければ，コンピュータ・ネットワークは機能しません。デジタル・バンダリズムは，こうした意味で軽視できない犯罪なのです。

### (2) デジタル・バンダリズム対策の課題

不正アクセス禁止法の制定によって，日本のデジタル・バンダリズム対策は，ようやく国際的な水準に整備されました。しかし，ハッカーやコンピュータ・ウィルスの技術的なレベルは急速に高まっており，そうした進歩に応じた対策は困難を極めています。

しかし，愉快犯的な傾向が強いこの種の犯罪を取り締まるためには，デジタル・バンダリズムという犯罪の重大性を明確にしておく必要があります。こうした点をふまえつつ，国内だけでなく，国際的にも規制を強化すべき点はないか検討が必要でしょう。

## IV　サイバー犯罪規制の課題

### 1　その他のサイバー犯罪

このほか，今日の日本で顕在化しているサイバー犯罪は，インターネットを用いた名誉毀損，詐欺・悪質商法，ネズミ講，インターネット・オークションにおける盗品等の処分，出会い系サイトに関連した犯罪など多岐にわたります。

なかでも，ファイル共有ソフト Winny を利用して，著作権者の許可を得ずに，映画等のデータをインターネット上で公開し，不特定多数のものに自由にダウンロードさせていた著作権違反行為者を幇助したとして，Winny の開発者が，著作権法違反の幇助犯で起訴された事件は，第1審の有罪判決を斥け，無罪を言い渡した第2審判決が最高裁でも支持され，確定しまし

た。この判決をふまえて、私たちは、情報科学の発展のため、刑事規制の活用には慎重な検討が必要であることを認識すべきでしょう。他方で、インターネット上に氾濫する映画やテレビ番組の違法アップロードを防ぐため、刑法にも一定の役割を果たすことが求められていることも忘れてはいけません。

## 2　サイバー犯罪規制の課題

　これまで見てきたように、日本のサイバー犯罪対策は、急速に整備されつつあります。もちろん、こうした対策の濫用は、コンピュータ・ネットワークの発展を阻害しかねないだけに、慎まれるべきでしょう。しかし、こうした対策を効果的に用いていかなければ、情報化社会の生み出した負の側面に対処することはできません。その意味では、やはり近時のサイバー犯罪対策の整備の意義は大きいといえるでしょう。ただし、1990年代後半から飛躍的に充実したサイバー犯罪対策にも、なお課題が残されています。ここでは、そうした課題のうち、これまでの考察とも関連する3点に言及しておきたいと思います。

### (1)　情報の保護

　第1に、情報そのものを刑法的に保護する可能性が検討されるべきでしょう。英米では無権限アクセスを処罰する規定とともに、一定の情報を刑法上保護するための規定が設けられています。日本でも1987（昭和62）年の刑法改正にあたって、こうした犯罪類型の新設が検討されたものの、保護の対象となる範囲の確定が困難であるなどとして最終的には見送られました。しかし、23年前と比較してコンピュータ・ネットワークが内包する情報の重要性は質・量の両面で飛躍的に高まっています。これを完全に保護する技術的手段が存在しない今日、一定の情報について刑法上の保護を施すための立法的な措置を再度検討する時期が到来しているのではないでしょうか。

### (2)　変化への対応

　第2に、さらなるコンピュータ・ネットワークの革新にともなう刑法上の対応についても検討の必要があるでしょう。今後日本でも電子マネーやネット・バンキングの一層の普及が見込まれます。こうしたサイバー・スペース

の経済活動について現行刑法で十分に対応できるのか疑問を感じます。さらなる条文の一部改正や新しい犯罪類型の創設も念頭におきながら，この点について検討する必要があるでしょう（荒川〔1997〕151頁）。

### (3) 捜査体制の充実

　第3に，捜査体制の充実です。サイバー犯罪は高度な技術を背景として敢行されることから，捜査機関もこれに対応すべく体制の整備・強化が図られるべきでしょう。英米では，ロンドン警視庁のコンピュータ犯罪部（Computer Crime Unit）や連邦捜査局（FBI）の全米コンピュータ犯罪特捜班（National Computer Crimes Squad）など，ネットワーク犯罪を専門に担当する部門が創設されています。警察庁でも，サイバー犯罪捜査の中心となる情報技術犯罪対策課の設置などの対策がすすめられてきました。いくらサイバー犯罪を処罰するための立法的手当てを施しても，これを運用する人的・物的資源が整備されていなければ，十分な効果は期待できません。コンピュータ・ネットワークの健全な発展のためにも，法制面と併せて運用面での対策の充実が期待されます。

# 参考文献

## 〈各種統計資料〉

国家地方警察本部刑事部調査統計課『犯罪統計書』(1948‐1952)
警察庁刑事部調査統計課『犯罪統計書』(1953‐1954)
警察庁刑事部『犯罪統計書』(1955‐1956)
警察庁刑事局『犯罪統計書』(1957‐2012)
警察庁『昭和48年版―平成25年版警察白書』(1973‐2013)
法務省法務総合研究所『昭和35年版―平成25年版犯罪白書』(1965‐2013)
消防庁『平成25年版消防白書』(2013)
内閣府『平成25年版交通安全白書』(2013)

## 〈入門書・教科書・体系書〉

井田　良『刑法各論』(弘文堂, 第2版, 2013)
大塚　仁『刑法概説各論』(有斐閣, 第3版増補版, 2005)
大谷　實『刑法講義各論』(成文堂, 新版第4版, 2013)
大谷　實『刑事政策講義』(弘文堂, 第4版, 1996)
木村光江『刑事法入門』(東京大学出版会, 1995)
木村光江『刑法』(東京大学出版会, 第3版, 2010)
斉藤信治『刑法各論』(有斐閣, 第3版, 2009)
瀬川　晃『犯罪学』(成文堂, 1998)
曽根威彦『刑法各論』(弘文堂, 第4版, 2008)
団藤重光『刑法綱要各論』(創文社, 第3版, 1990)
中森喜彦『刑法各論』(有斐閣, 第2版, 1996)
中山研一『口述刑法各論』(成文堂, 新版, 2004)
西田典之『刑法各論』(弘文堂, 第6版, 2012)
平川宗信『刑法各論』(有斐閣, 1995)
平野龍一『刑法概説』(東京大学出版会, 1977)
宝月　誠『逸脱とコントロールの社会学』(有斐閣, 2004)

前田雅英『刑法各論講義』（東京大学出版会，第5版，2011）
町野　朔『刑法各論の現在』（有斐閣，1996）
山口　厚『刑法各論』（有斐閣，第2版，2010）

〈その他〉

ＮＨＫスペシャル職業"詐欺"取材班『職業"振り込め詐欺"』（ディスカヴァー21，2009）

荒川雅行「情報刑法の現代的課題」『中山研一先生古稀祝賀論文集第2巻』（成文堂，1997）

井田　良「危険運転致死傷罪の立法論的・解釈論的検討」法律時報75巻2号（2003）

井田　良「交通犯罪と道路交通法改正」刑法雑誌44巻3号（2005）

井上　宏「自動車運転による死傷事件に対する罰則の整備」ジュリスト1216号（2002）

ウォーカー，レノア・E（斉藤学監訳）『バタードウーマン』（金剛出版，1997）

エストリッチ，スーザン（中岡典子訳）『リアル・レイプ』（JICC，1990）

岡田好史「児童ポルノ禁止法における児童ポルノの規制をめぐる問題」『刑法・刑事政策と福祉』（2011）

岡田好史「不正アクセス行為の発生状況の現状と課題(1)-(3)」専修法学論集114号（2012），115号（2012），116号（2012）

戒能民江『ドメスティックバイオレンス防止法』（尚学社，2000）

片島紀男『三鷹事件』（NHK出版，1999）

加藤敏幸「コンピュータ犯罪」中山研一ほか『経済刑法入門』（成文堂，第3版，1999）

加藤久雄『ボーダレス時代の刑事政策』（有斐閣，改訂版，1999）

金城清子「性的自由の保障と強姦罪」法学セミナー430号（1990）

金城清子『生命誕生をめぐるバイオエシックス』（日本評論社，1998）

神山敏雄『日本の証券犯罪』（日本評論社，1999）

河合幹雄『安全神話崩壊のパラドックス』（岩波書店，2004）

川崎友巳『企業の刑事責任』（成文堂，2004）

川崎友巳「会社法罰則の過去・現在・未来」会社法 AtoZ 4号（2005①）
川崎友巳「特別背任罪①」会社法 AtoZ 5号（2005②）
川崎友巳「特別背任罪②」会社法 AtoZ 6号（2005③）
川崎友巳「特別背任罪③」会社法 AtoZ 7号（2005④）
川崎友巳「会社財産を危うくする罪①」会社法 AtoZ 8号（2005⑤）
川崎友巳「会社財産を危うくする罪②」会社法 AtoZ 9号（2005⑥）
川崎友巳「会社財産を危うくする罪③」会社法 AtoZ 10号（2006①）
川崎友巳「株主の権利等に関する利益供与罪①」会社法 AtoZ 17号（2006②）
川崎友巳「株主の権利等に関する利益供与罪②」会社法 AtoZ 18号（2006③）
偽造防犯研究会『偽造の手口』（データハウス，増補版，2005）
木村光江『詐欺罪の研究』（東京都立大学出版会，2000）
木村光江「胎児傷害」現代刑事法 5 巻 7 号（2003①）
木村光江「性的自由に対する罪と被害者の同意」現代刑事法 5 巻11号（2003②）
共同通信社会部移植取材班『凍れる心臓』（共同通信社，1998）
クック，シューラ・E「日本の低犯罪率の社会的・文化的考察」犯罪と非行 96号（1993）
香城敏麿「背任罪」芝原邦爾編『刑法の基本判例』（有斐閣，1988）
小島妙子『ドメスティック・バイオレンスの法―アメリカ法と日本法の挑戦―』（信山社，2002）
後藤啓二『日本の治安』（新潮社，2009）
佐伯仁志「被害者の錯誤について」神戸法学年報 1 号（1985）
佐伯仁志「交通犯罪に関する刑法改正」法学教室258号（2002）
佐伯仁志＝道垣内弘人『刑法と民法の対話』（有斐閣，2001）
佐久間修「ネットワーク犯罪におけるわいせつ物の公然陳列罪」『西原春夫先生古稀祝賀論文集第 3 巻』（1998）
佐久間修「Winny 事件にみる著作権侵害と幇助犯」ビジネス法務 4 巻 9 号（2004）
沢山美果子『性と生殖の近世』（勁草書房，2005）
芝原邦爾『経済刑法』（岩波書店，2000）
瀬川　晃「日本の被害者学の現状と展望」同志社法学46巻 5 号（1994）

瀬川　晃『イギリス刑事法の現代的展開』（成文堂，1995）
瀬川　晃「フェミニスト犯罪学の挑戦」『中山研一先生古稀祝賀論文集第4巻』（成文堂，1997）
瀬川　晃「ストーキングと刑事規制」産大法学34巻3号（2000）
瀬川　晃「ドメスティック・バイオレンスの法的規制」同志社法学54巻3号（2002）
曽根威彦「交通犯罪に関する刑法改正の問題点」ジュリスト1216号（2002）
園田　寿「わいせつの電子的存在について」関西大学法学論集47巻4号（1998）
タイタス，リチャード・M「犯罪率：受け身の対応策か，積極的な統制か」犯罪と非行95号（1993）
高山佳奈子「交通犯罪と刑法改正」刑法雑誌44巻3号（2005）
龍田恵子『日本のバラバラ殺人』（新潮社，2000）
田村雅幸「最近30年間における殺人形態の変化」科学警察研究所報告（防犯少年編）24巻2号（1983）
中田　修『放火の犯罪心理』（金剛出版，1977）
中谷陽二「放火症」福島章編『犯罪ハンドブック』（新書館，1995）
中司光紀「Monthly Spot 児童虐待防止法の概要」法律のひろば53巻7号（2000）
中山研一『臓器移植と脳死』（成文堂，2001）
野村　稔『経済刑法の論点』（現代法律出版，2002）
橋田　久「胎児傷害」西田典之＝山口厚編『刑法の争点』（有斐閣，第3版，2000）
林　陽子「強姦をめぐる法状況」法学セミナー430号（1990）
平野龍一「堕胎と胎児傷害」警察研究57巻4号（1986）
福原道雄「危険運転致死傷罪の適用状況について」法律のひろば56巻7号（2003）
藤本哲也『刑事政策の新動向』（青林書院，1991）
堀内捷三「インターネットとポルノグラフィー」研修588号（1997）
前田雅英「ハイテク犯罪の現状と課題」ジュリスト1140号（1997）

前田雅英『日本の治安は再生できるか』(筑摩書房，2003)
町野　朔「ヒトに関するクローン技術等の規制に関する法律」法学教室247号（2001）
松井茂記「メーガン法について」阪大法学55巻5号（2006）
宮澤浩一「被害者化の三段階，その他」時の法令1296号（1986）
宮澤浩一「性犯罪（2）」時の法令1314号（1987）
モーリス，N/G・ホーキンス（長島敦訳）『犯罪と現代社会（上)』(東京大学出版会，1971)
山口　厚「コンピュータ・ネットワークと犯罪」ジュリスト1117号（1998）
米澤朋通「政治資金規正法逐条解説（10）」選挙1996年12月号（1996）
渡邊卓也「不正アクセス罪の罪質とその立法動向」Law and Practice 第7号（2013）

**著者紹介**

川崎 友巳（かわさき ともみ）
同志社大学法学部教授

〈略　歴〉
1969年京都市生まれ。
1993年に同志社大学法学部法律学科卒業後，同大学大学院法学研究科博士課程前期課程・後期課程を経て，1998年に同志社大学法学部助手。その後，専任講師，助（准）教授を経て，2008年より現職。2007年より2009年まで米国コロンビア大学ロースクール客員研究員。
〈主要著書〉
企業の刑事責任（2004・成文堂）
判例教材Ⅰ総論（2013・成文堂）（共編著）

---

犯罪タイポロジー ―犯罪の類型学―　［第2版］

2010年12月20日　初　版第1刷発行
2014年10月20日　第2版第1刷発行

　　　著　者　　川　崎　友　巳
　　　発 行 者　　阿　部　耕　一
　　　　〒162-0041　東京都新宿区早稲田鶴巻町514
　　　発 行 所　株式会社　成　文　堂
　　　　　電話 03(3203)9201(代)　Fax 03(3203)9206
　　　　　　　http://www.seibundoh.co.jp

製版・印刷　シナノ印刷　　　　製本　弘伸製本
©2014 T. Kawasaki　　Printed in Japan
☆乱丁・落丁本はおとりかえいたします☆**検印省略**

ISBN978-4-7923-5131-1 C3032

定価（本体1900円＋税）